总主编
李安

乡村法律明白人

乡镇企业、农民专业合作社政策法律100问

法律出版社法律应用中心 / 编

法律出版社 LAW PRESS · CHINA
北京

图书在版编目(CIP)数据

乡镇企业、农民专业合作社政策法律100问 / 法律出版社法律应用中心编. -- 北京 : 法律出版社, 2022
("乡村法律明白人"系列 / 李安总主编)
ISBN 978-7-5197-6668-9

Ⅰ. ①乡… Ⅱ. ①法… Ⅲ. ①乡镇企业法-中国-问题解答②农业合作社-合作社法-中国-问题解答 Ⅳ. ①D922.291.915②D922.45

中国版本图书馆CIP数据核字(2022)第065558号

乡镇企业、农民专业合作社政策法律100问
XIANGZHEN QIYE、NONGMIN ZHUANYE HEZUOSHE ZHENGCE FALÜ 100 WEN

法律出版社
法律应用中心/编

策划编辑 冯雨春 朱海波
责任编辑 朱海波
装帧设计 汪奇峰

出版发行 法律出版社
编辑统筹 法律应用出版分社
责任校对 邢艳萍
责任印制 刘晓伟
经　　销 新华书店

开本 A5
印张 8.75　　字数 250千
版本 2022年9月第1版
印次 2022年9月第1次印刷
印刷 天津嘉恒印务有限公司

地址:北京市丰台区莲花池西里7号(100073)
网址:www.lawpress.com.cn
投稿邮箱:info@lawpress.com.cn
举报盗版邮箱:jbwq@lawpress.com.cn

销售电话:010-83938349
客服电话:010-83938350
咨询电话:010-63939796

书号:ISBN 978-7-5197-6668-9　　定价:40.00元
凡购买本社图书,如有印装错误,我社负责退换。电话:010-83938349

总 序

习近平总书记指出:“实施乡村振兴战略是关系全面建设社会主义现代化国家的全局性、历史性任务。”乡村振兴成为我国全面建设社会主义现代化强国进程中的重大任务,也是实现中华民族伟大复兴的一项重大战略。党的十九大报告同时指出要构建“自治、法治、德治相结合的乡村治理体系”。

我国面向乡村基层长期开展普法工作,至今已经步入第八个五年规划,经过不懈努力,乡村广大群体的法治意识在社会经济腾飞的同时也有了巨大的提升,但随着社会的不断发展,就大多数乡村公民而言,所具备的法治素养尚无法满足新时代的发展需求。乡村的主体是农民,乡村振兴的主要主体也是农民,实施乡村振兴战略关键是要调动广大乡村农民的主观能动性和创造性,引导乡村农民知法、守法、依法办事,这需要乡村农民群体具备必要的法律知识。

我国于2021年颁布《乡村振兴促进法》,为乡村振兴战略提供了实施的法律依据,推动出台满足乡村振兴战略发展需求的新政策和新法规,在此基础上我国乡村振兴法律体系得以初步构建并逐步完善。首先,乡村振兴的相关法律具有分散性。乡村振兴法律体系中的大部分具体法律知识散落于各部单行法律之中,并没有集中在一部统一的法律当中。其次,乡村振兴法律体系具有系统性。随着全面依法治国的逐步推进,我国法律体系日趋完善,乡村振兴法律体系日渐成型,呈现系统性特征,原因在于一个完善的乡村振兴法律体系是国家治理体系和治理能力现代化的重要标志,是一项系统工程,不仅包含现代化的法治理念,更是体现新时代特征的治理模式。另外,构建系统的乡村振兴法律体系能够满足不同阶段、不同形态的发展需求,为乡村振兴的未来发展提供充分的制度空间。最后,乡村振兴法律内容具有全面性。乡村振兴战略涵盖产业发展、人才支撑、文化繁荣、生态保护、组织建设以及城乡融合等多方面,因此单一法律显然无法面面俱到,只能在既有法律体系的基础上突出乡村发展的特色和原则。

乡村振兴法律规范的分散性影响了广大乡村基层群体便捷地获取日常所需的法律知识,尤其是乡村发展切身相关的法律知识。乡村农民往往只能在生产生活中通过普法活动、媒体宣传等有限渠道进行碎片化了解或学习,因而出版一套包含乡村振兴法律知识体系的通识性读本有充足的必要性。本系列丛书注重内容的实用性与法律的准确性,在内容上涵盖产业、土地、生态、生产资料、基层组织等方面,能够更好地帮助乡村基层群众在推进乡村振兴战略的过程中获取必要的体系性、通识性政策与法律知识,从而提升乡村农民的法治认知水平。希望本丛书有助于推进乡村治理的法治化、现代化,指导和帮助乡村农民提升法治素养,学会优先依靠法律开展生产、从事经营、保护自身合法权益;有助于促进法治在乡村振兴发展中发挥作用,从而适应当前的新形势和新发展;有助于推动乡村治理的依法建设,使法治为乡村振兴战略保驾护航,真正落实科学立法、严格执法、公正司法和全民守法的新时代法治基本要求,实现高质量发展,促进共同富裕。

李　安
杭州师范大学沈钧儒法学院教授、博士生导师
青少年法治教育中心主任
浙江省法治教育研究中心主任
中国行为法学会法律风险防范研究会副会长

目 录

第一章 乡镇企业建设与管理

第二章　农民专业合作社建设与管理

第三章 用工管理

第四章 产品生产与销售

第五章 安全生产管理

第六章 财务管理与依法纳税

第九章　其　他

附　录

CHAPTER
1

第一章

乡镇企业建设与管理

01 企业选址在"乡镇"，就是乡镇企业吗？

疑惑

方某是某县城居民，原来一直从事长途运输业务。后来听朋友说，如果成立乡镇企业，便可以享受很多优惠政策。方某想着年纪大了不能一直跑长途，不如成立一家物流公司，而只要自己的公司选址在农村，就会成为乡镇企业，进而就能享受优惠政策，公司运营成本就大大降低。于是，2021年7月，方某与其表弟在某村选址成立了一家物流公司。但是，该公司成立后，方某在办理相关手续时听说，自己所成立的企业并非乡镇企业。对此，方某感到非常困惑，想知道自己现在的企业是否属于乡镇企业。请问，选址在"乡镇"的企业就可以成为乡镇企业吗？

解析

我国《乡镇企业法》第2条规定，本法所称乡镇企业，是指农村集体经济组织或者农民投资为主，在乡镇（包括所辖村）举办的承担支援农业义务的各类企业。其中，"投资为主"，是指农村集体经济组织或者农民投资超过50%，或者虽不足50%，但能起到控股或者实际支配作用。因此，乡镇企业并不是依据其选址决定，并非只要选址到乡镇就理所当然成为乡镇企业，而是根据该企业投资的主体确定的。同时，该法第9条明确规定，即使乡镇企业设立在城市，若其投资主体为集体经济组织或者农民，并符合法律规定的投资比例，则该企业也要按照乡镇企业对待。此外，乡镇企业还应满足为支援农业义务的条件，比如当地盛产棉花，村集体设立棉纺厂以销售棉花制品。

实践中，乡镇企业设立后需要依法进行登记，而依法登记设立的乡镇企业，以及乡镇企业设立后如果发展名称变更、住所分立、合并、停止、终止等情况，必须到当地的乡镇企业行政管理部门办理登记备案手续。

在上面的案例中，方某成立的公司虽然是在农村选址，但是决定企业是否为乡镇企业的因素是投资主体，并非企业的选址。方某的公司投资主体既不是农村集体经济组织，也不是农民，而是作为城镇居民的方某自己及其表弟，故该企业不能成为乡镇企业，无法享受国家给予乡镇企业的特定优惠政策，方某的想法是错误的。

此外，需要注意的是，成为乡镇企业，若农民或农村集体经济组织的投资份额未超过法律规定的50%，但其可以控股或者实际支配，则也属于乡镇企业。

依据

《中华人民共和国乡镇企业法》第2条、第8条、第9条

02 乡镇企业肩负哪些重要的使命?

疑惑

沈某是某村村民,一直在该村承包果园。由于销路问题,有时果园的水果不能及时卖出。沈某便与其他果农商量,准备开拓销路,避免出现无法销售的问题。后来,沈某等人准备合资成立一家乡镇企业,主要生产水果罐头,这样既可以解决水果的销路问题,也能发展村里的经济。该村的村主任告诉沈某等人,乡镇企业肩负着重要的使命,村委会全力支持沈某等人创办乡镇企业,也希望该企业可以为村子的发展作出贡献。请问,乡镇企业肩负哪些重要的使命?

解析

乡镇企业是农村经济的重要支柱和国民经济的重要组成部分,随着国家乡村振兴战略的实施,乡镇企业必将承担更重要的使命,发挥更加强大的社会作用。根据《乡镇企业法》第 3 条、第 17 条的规定,乡镇企业肩负的重要使命主要有:(1)根据市场需要发展商品生产;(2)提供社会服务;(3)增加社会有效供给;(4)吸收农村剩余劳动力;(5)提高农民收入;(6)支援农业;(7)推进农业和农村现代化,促进国民经济和社会事业发展;(8)从税后利润中提取一定比例的资金用于支援农业和农村社会性支出。由此可见,乡镇企业在农村、农业和农民的“富民强村”中肩负着重要的使命,有利于推进社会主义新农村建设目标的实现。

在上面的案例中,沈某等人成立乡镇企业,可以解决该村果农所种植水果的销路问题,有利于促进该村农业的发展。并且,成立乡镇企业后,也会吸收村子里的部分劳动力,解决部分村民的就业问题。

此外,需要注意的是,根据《乡镇企业法》第4条的规定,发展乡镇企业,应坚持以农村集体经济为主导,多种经济成分共同发展的原则。因此,村委会全力配合沈某等人创办乡镇企业的做法也是非常可取的。

依据

《中华人民共和国乡镇企业法》第3~4条、第17条第1款、第41条

03 乡镇企业可以设立哪些企业形式？其利弊有哪些？

疑惑

村民董某和妻子一直在外做生意。由于父母年迈，孩子需要照顾，2021 年 4 月，董某与妻子决定回到家乡发展，与其他村民一起在本村投资成立一家乡镇企业，这样既可以继续发展自己的事业，也可以帮助村里经济的发展。在朋友的介绍下，董某询问了邻村乡镇企业负责人王某成立乡镇企业的相关事项。王某告诉他，成立乡镇企业，应先确定乡镇企业的企业形式，之后再根据企业形式准备相关的申请材料。但是，董某不知道自己创办的乡镇企业采取哪种形式最为有利。请问，设立乡镇企业可以采用哪些形式？各种形式的利弊有哪些？

解析

乡镇企业除其成立的目的有法律的特别限定外，其组织形式法律并没有作限制性规定，与其他依法成立的企业相同，乡镇企业的组织形式一般有三种，即公司制、合伙制和业主制。

首先,关于公司制,根据《公司法》第 2 条的规定,公司制又包括有限责任公司和股份有限公司两种组织形式。在现实生活中,更多的乡镇企业采用的是有限责任公司的组织形式。乡镇企业采用公司制的组织形式,其优点是公司制企业对外承担的是有限责任;缺点是公司设立程序复杂,费用较高,并且限制较多。

其次,关于合伙制,根据《合伙企业法》第 2 条的规定,合伙企业分为普通合伙制与有限合伙制,合伙企业由合伙人共同出资,共同管理,共同承担无限责任。合伙制的优点:(1)设立难度低,手续简单,费用低;(2)合伙人可以直接参与管理,并且管理的权限无大小之分。其弊端是需要对企业债务承担无限连带责任。

最后,关于业主制,即个人独资企业,根据《个人独资企业法》第 2 条的规定,个人独资企业,是依照法律在中国境内设立,由一个自然人投资,财产为投资人个人所有,投资人以其个人财产对企业债务承担无限责任的经营实体。因此,个人独资企业的优点是企业的所有权、控制权、经营权、收益权等高度统一;缺点是投资者承担的风险较大,需要对企业债务承担无限责任。

因此,根据上述法律规定,除公司制企业外,采用合伙制与业主制的企业都要对企业债务承担无限清偿责任。董某在选择乡镇企业的设立形式时,可以在权衡上述企业形式利弊的情况下确定适合自己的企业形式。

依据

《中华人民共和国公司法》第 2 ~ 3 条、第 23 条、第 76 条

《中华人民共和国合伙企业法》第 2 条、第 14 条

《中华人民共和国个人独资企业法》第 2 条、第 8 条

04 乡镇企业的财产权归谁所有？

疑惑

2021 年 6 月，郑某大学毕业决定回乡创业。他通过实地调研发现很多村民都在做手工活，为此，其准备在该村成立一家乡镇企业，专门用于生产玩具。郑某认为，一旦乡镇企业成立，既能解决部分村民的就业问题，也能带动本地经济的发展。于是，郑某便开始筹集资金。在郑某准备设立乡镇企业的过程中，作为投资者之一的任某提出，如果乡镇企业成立，该企业的产权归属于谁？是否会归属于该村的全体农民集体所有？请问，乡镇企业的财产权应归谁所有？

解析

乡镇企业财产权的归属因投资主体的不同而不同，按照《乡镇企业法》第10条的规定，农村集体经济组织投资设立的乡镇企业，其企业财产权属于设立该企业的全体农民集体所有。而农村集体经济组织与其他企业、组织或者个人共同投资设立的乡镇企业，其企业财产权按照出资份额属于投资者分别所有。如果乡镇企业是由农民合伙或者单独投资设立的，其企业财产权属于投资者所有。换言之，乡镇企业并不是在任何情况下都归属于农民集体所有，除由农民集体经济组织设立的乡镇企业归属于农民集体所有外，其他乡镇企业的财产权都是归属于投资主体所有。简单来说，乡镇企业由谁出资设立，谁就享有乡镇企业的财产权。

在上面的案例中，若郑某设立的乡镇企业是其本人与其他村民投资设立，则郑某与出资的村民就对该乡镇企业享有所有权，都属于乡镇企业的所有权人之一。即便是该乡镇企业中有农民集体经济组织的投资，其也只是享有自己对该企业投资份额的所有权，并不会影响郑某等人的所有权份额。

此外，需要注意的是，《乡镇企业法》明确规定，乡镇企业的合法权益受法律保护，任何人都不得侵犯其合法财产。在乡镇企业合法财产受到侵犯时，投资主体可以依法维护自身的合法权益。

依据

《中华人民共和国乡镇企业法》第 10 ~ 12 条

05 村委会有权要求乡镇企业出资修路吗？

疑惑

2016 年 3 月，村民钱某带头在某村投资设立了一家大米加工厂，钱某任公司董事长，该加工厂作为乡镇企业，不仅解决了本村部分农民的就业问题，也带动了该村的经济发展。在钱某的经营下，加工厂的效益逐年增长。2021 年 6 月，该村的村主任杜某找到钱某，称村委会准备为村民修路。但是，由于修路的资金有限，故需要钱某的乡镇企业出资。而钱某觉得自己的企业每年都在为村子捐款，一直都自觉地承担着社会责任，村主任现在强制性要求自己出资，其认为没有义务出资。但杜某告诉钱某，乡镇企业就是为村里作贡献的，村委会有权要求乡镇企业为其出资修路。请问，村委会有权要求乡镇企业出资修路吗？

解析

村委会无权要求乡镇企业出资修路。我国《乡镇企业法》第17条明确规定，乡镇企业从税后利润中提取一定比例的资金用于支援农业和农村社会性支出，其比例和管理使用办法由省、自治区、直辖市人民政府规定。除法律、行政法规另有规定外，任何机关、组织或者个人不得以任何方式向乡镇企业收取费用，进行摊派。也就是说，对于乡镇企业而言，虽然法律规定，其应从税后利润中提取一定比例的资金支持农村的建设，但是除按照省、自治区、直辖市颁布的资金管理使用办法提取外，任何单位和个人都不能向乡镇企业收取费用。如果钱某设立的乡镇企业已经履行了资金提取义务，村委会并没有权利强制要求其出资修路。此外，该法第38条明确规定，非法占有或无偿使用乡镇企业财产的，由县级以上人民政府乡镇企业行政管理部门责令改正。作为乡镇企业，其也可以向审计、监察、财政、物价和乡镇企业行政管理部门控告、检举向企业非法收费、摊派或者罚款的单位和个人。有关部门和上级机关应当责令责任人停止其行为，并限期归还有关财物。对直接责任人员，有关部门可以根据情节轻重，给予相应的处罚。

在上面的案例中，某村村主任要求钱某的乡镇企业为村子出钱修路的做法是错误的，违反了法律的规定。村主任杜某的行为属于要求乡镇企业摊派费用，已经违反了前述法律的规定。对于该村村委会的行为，钱某可以向有关部门进行检举，以维护自身的合法权益。

此外，需要注意的是，乡镇企业设立在乡村，难免会跟村委会打交道，对于村委会或者乡镇政府非法改变乡镇企业所有权的、非法占有或者无偿使用乡镇企业财产的、非法撤换乡镇企业负责人的，或者侵犯乡镇企业自主经营权的，乡镇企业都可以拿起法律武器依法维权。

依据

《中华人民共和国乡镇企业法》第 17 条、第 38～39 条

06 什么是乡镇企业发展基金？哪些企业可以得到乡镇企业发展基金的支持？

疑惑

江河饮料公司是位于某村的一家乡镇企业，该企业由该村的农村集体经济组织以及村民王某等人出资成立。该企业成立后，运营状况一直非常好。2021 年 3 月，该企业准备扩大生产规模，增加注册资本。徐某是该村村民，其准备将自己的一部分资金入股该乡镇企业。在投资前，徐某对乡镇企业的整体状况进行了详细了解。在向他人进行咨询时，徐某听说因近年乡镇企业发展比较好，故其所在的县政府正准备设立乡镇企业发展基金，用以支持乡镇企业再发展。请问，什么是乡镇企业发展基金？哪些企业可以得到乡镇企业发展基金的支持？

解析

所谓乡镇企业发展基金，是指依据法律按规定来源形成的用于乡镇企业发展生产经营的一项专用基金。根据《乡镇企业法》第21条的规定，县级以上人民政府依照国家有关规定，可以设立乡镇企业发展基金。基金由下列资金组成：(1)政府拨付的用于乡镇企业发展的周转金；(2)乡镇企业每年上缴地方税金增长部分中一定比例的资金；(3)基金运用产生的收益；(4)农村集体经济组织、乡镇企业、农民等自愿提供的资金。当县级以上人民政府依法设立乡镇企业发展基金后，可以按照上述渠道积累资金，以支持乡镇企业发展。

另外，根据该法第22条的规定，乡镇企业发展基金的使用范围如下：(1)支持少数民族地区、边远地区和贫困地区发展乡镇企业；(2)支持经济欠发达地区、少数民族地区与经济发达地区的乡镇企业之间进行经济技术合作和举办合资项目；(3)支持乡镇企业按照国家产业政策调整产业结构和产品结构；(4)支持乡镇企业进行技术改造，开发名特优新产品和生产传统手工艺产品；(5)发展生产农用生产资料或者直接为农业生产服务的乡镇企业；(6)发展从事粮食、饲料、肉类的加工、贮存、运销经营的乡镇企业；(7)支持乡镇企业职工的职业教育和技术培训;(8)其他需要扶持的项目。据此可知,乡镇企业发展基金专门用于扶持乡镇企业发展。

在上面的案例中,江河饮料公司是一家乡镇企业,对当地农业发展起到了一定的积极作用,该镇政府决定设立乡镇企业发展基金,那么,这家乡镇企业可以申请使用该基金,以壮大发展企业,为该村作出更大贡献。

依据

《中华人民共和国乡镇企业法》第 21 ~ 22 条

07 设立乡镇企业是否可以使用农村集体土地?

疑惑

沈某是某村的村支部书记,一直在想方设法发展壮大该村集体经济。该村的大部分村民都种植茶叶,但是,效益并不是很高。因此,为了促进本村经济的发展,增加村民的收入,沈某准备成立一个专门生产茶叶的乡镇企业。经过考察之后,沈某在村委会会议上提出了自己的建议,并获得了大家的支持。在筹集完资金后,沈某便开始在村子里为企业选址。请问,设立乡镇企业是否可以使用农村集体土地?使用土地是否需要办理相关手续?

解析

我国《乡镇企业法》第28条规定,举办乡镇企业,在使用土地时,必须符合下列规定:(1)举办乡镇企业,其建设用地应当符合土地利用总体规划,严格控制、合理利用和节约使用土地,凡有荒地、劣地可以利用的,不得占用耕地、好地;(2)举办乡镇企业使用农村集体所有的土地的,应当依照法律、法规的规定,办理有关用地批准手续和土地登记手续。据此可知,举办乡镇企业,必须符合法律规定,在使用农村集体土地时,必须符合土地利用的总体规划,本着节约用地的原则,优先使用荒地、劣地,尽量不占用耕地、好地。如果确需使用集体土地的,应当依法办理审批、登记手续。

在上面的案例中,沈某在选址时,首先要选择村子里的荒地、劣地,不能占用耕地、好地。而且,沈某在使用土地时,必须到相关行政部门办理批准和登记手续。也就是说,即便是本村的土地,也必须根据法律的规定办理手续。

此外,需要注意的是,根据该法的规定,乡镇企业使用农村集体所有的土地,连续闲置2年以上或者因停办闲置1年以上的,应当由原土地所有者收回该土地使用权,重新安排使用。

依据

《中华人民共和国乡镇企业法》第28条

08 什么是乡村集体所有制企业？

疑惑

某毛巾制造厂是某村农民集体出资设立的一家乡镇企业。2021年3月，该企业因经营不善，导致资金短缺，准备寻找新的管理人，以保障企业的正常运营。经过他人推荐，该企业的负责人找到了小亮。小亮是本村村民，原来一直在某市做生意，有着丰富的管理经验。但对于乡村集体所有制企业的管理，小亮还是第一次涉足。请问，什么是乡村集体所有制企业？

解析

乡村集体所有制企业，是由乡村的农民集体举办，该企业所在的乡或者村范围内的全体农民集体享有企业财产的所有权，同时自主经营、独立核算、自负盈亏的社会主义商品生产和经营单位。根据

《乡村集体所有制企业条例》第3条、第4条的规定,乡村集体所有制企业是我国社会主义公有制经济的组成部分,企业的主要任务:(1)发展商品生产和服务业,满足社会日益增长的物质和文化生活的需要;(2)调整农村产业结构,合理利用农村劳动力;(3)支援农业生产和农村建设,增加国家财政和农民的收入;(4)积极发展出口创汇生产;(5)为大工业配套和服务。

据此可知,乡村集体所有制企业作为社会主义公有制经济的组成部分,具有促进农村地区经济发展的重要作用,担负着促进农业生产和农村建设的重要使命,国家鼓励扶持乡村集体所有制企业的发展。

依据

《中华人民共和国乡村集体所有制企业条例》第3~4条

09 设立乡村集体所有制企业,应当具备哪些条件?

疑惑

贾村的大部分村民都种植蔬菜,村内蔬菜大棚不在少数。后来，随着村民种植蔬菜经营规模的扩大，很多人都到该村批发蔬菜。为此，贾村的村民想利用自身的优势成立一个蔬菜批发市场。于是，村民们便选出三位代表，负责成立蔬菜批发市场事宜。经过咨询，村民们得知，可以采用乡村集体所有制企业的形式成立批发市场。请问，设立乡村集体所有制企业，应当具备哪些条件？

解析

根据《乡村集体所有制企业条例》第13条、第14条的规定，设立乡村集体所有制企业应当具备下列条件：(1)设立的主体条件：设立乡村集体所有制企业的主体只能是乡（镇）、村的农民，即由农民们申请设立。(2)设立的目标要求：必须是产品和提供的服务为社会所需要，并符合国家法律、法规和政策规定。(3)名称及场所要求：有自己的名称、组织机构和生产经营场所。(4)资金、设备及从业人员条件：有与生产经营和服务规模相适应的资金、设备、从业人员和必要的原材料条件。(5)经营范围要求：必须有确定的经营范围。(6)其他条件：有必要的劳动卫生、安全生产条件和环境保护措施；符合当地乡村建设规划，合理利用土地。(7)审批要求：设立企业必须依照法律、法规，经乡级人民政府审核后，报请县级人民政府乡镇企业主管部门以及法律、法规规定的有关部门批准，持有关批准文件向企业所在地工商行政管理机关办理登记，经核准领取《企业法人营业执照》或者《营业执照》后才能营业，并向税务机关办理税务登记。因此，只要贾村村民按照上述条件准备齐材料，就可以申请设立乡村集体所有制企业。

依据

《中华人民共和国乡村集体所有制企业条例》第13～14条

10 乡村集体所有制企业的所有者是谁？其拥有哪些权利？

疑惑

A村因其优越的地理位置和适宜的气候盛产鲜花，该村大部分村民都从事鲜花种植产业。为了进一步拓宽鲜花的销路，村民们在村委会的组织下，准备成立一家乡村集体所有制企业，一方面扩大鲜花的销路，另一方面也可以解决部分农民的就业问题。张老汉是该村村民，其从事鲜花种植已有30多年，对于村委会的决定，张老汉并不是很理解。在张老汉看来，一旦全体农民成立了企业，那么自己的财产就会归村委会所有。请问，乡村集体所有制企业的所有者是谁？其拥有哪些权利？

解析

对于乡村集体所有制企业的所有权,《乡村集体所有制企业条例》第18条明确规定,企业财产属于举办该企业的乡或者村范围内的全体农民集体所有,由乡或者村的农民大会(农民代表会议)或者代表全体农民的集体经济组织行使企业财产的所有权。即使企业实行承包、租赁制或者与其他所有制企业联营,企业财产的所有权也不会改变。由此可知,全体农民是乡村集体所有制企业的所有权人,村委会只是代为行使这一权利。因此,在上面的案例中,张老汉的说法是错误的,A村农民集体成立的企业,企业的所有权归张老汉等全体农民所有,村委会不会成为所有权人。

此外,根据该条例第19条的规定,农民作为企业的所有者,享有下列权利:(1)依法决定企业的经营方向、经营形式、厂长(经理)人选或者选聘方式;(2)决定企业税后利润在其与企业之间的具体分配比例;(3)有权作出关于企业分立、合并、迁移、停业、终止、申请破产等决议。但是,全体农民作为企业的所有权人,其也应当为企业的生产、供应、销售提供服务,并尊重企业的自主权,才能保障企业的健康有序发展。

依据

《中华人民共和国乡村集体所有制企业条例》第18~19条

11 实行承包或者租赁制的乡村集体所有制企业，其经营者如何产生？

疑惑

2021年6月，某县大河镇村民为促进本村集体经济壮大，全体村民共同成立了一家水果批发企业，该企业为乡村集体所有制企业。由于村民们都不懂经营，经商量后决定对该企业实行租赁制，以保障企业更好地发展。村民王某提出要提前选出企业的经营者。村民杜某称由于他们成立的是乡村集体所有制企业，必须采用公开招标的形式来确定公司的经营者。请问，实行承包或者租赁制的乡村集体所有制企业，其经营者如何产生？

解析

杜某的说法不是很准确。企业经营者是企业的厂长（经理），实行厂长（经理）负责制，厂长（经理）需要对企业全面负责，代表企业行使职权。由此可知，企业经营者对企业的发展起着至关重要的作用，乡村集体企业选聘经营者必须符合法律规定，根据《乡村集体所有制企业条例》第20条的规定，在乡村集体所有制企业中，如果企业采用承包制或者租赁制，那么在确定企业的经营者时原则上应当采用公开招标的方式。若企业不具备招标的条件，则可以采取招聘、推荐等方式选用经营者。

在上面的案例中，如果乡村集体企业符合招标条件，决定采用招标的方式，那么招标可以在企业内部或者企业外部进行，所有的农民应当对投标者全面评审，择优选定。投标者可以是经营集团或者个人。经营集团中标后，必须确定具体的企业经营者。如果企业不具备招标条件，则其可以采取招聘或者他人推荐的方式选用经营者。根据该条例第 21 条的规定，企业所有者在选聘企业经营者时，其应当具备下列条件：(1)坚持四项基本原则和改革开放，遵纪守法；(2)有必要的文化知识和专业技术知识；(3)有必要的企业经营管理能力；(4)提供必要的财产担保或者保证人；(5)企业所有者提供的其他合法条件。

依据

《中华人民共和国乡村集体所有制企业条例》第 20 ~ 23 条

12 乡村集体所有制企业在生产经营活动中有哪些权利义务？

疑惑

某乡村村民大多数都在养殖奶牛。2021年8月，该村村民准备成立一个专门生产奶制品的企业。因大家都没有管理企业的经验，故都不愿担任企业厂长。后来，经过商议，准备采用承包制的乡村集体所有制企业，然后通过招聘的方式选任企业经营者。不久后，选定企业经营者，在其带领下，大家一起学习了乡村集体所有制企业相关的权利义务。请问，乡村集体所有制企业在生产经营活动中有哪些权利义务？

解析

根据我国《乡村集体所有制企业条例》第24条的规定，企业在生产经营活动中享有下列权利：(1)占有和使用企业资产，依照国家规定筹集资金。(2)在核准登记的范围内自主安排生产经营活动。(3)确定企业内部机构设置和人员配备；依法招聘、辞退职工，并确定工资形式和奖惩办法。(4)自行销售本企业的产品，但国务院另有规定的除外。(5)自行确定本企业的产品价格、劳务价格,但国务院规定由物价部门和有关主管部门控制价格的除外。(6)自愿参加行业协会和产品评比。(7)依照国家规定自愿参加各种招标、投标活动,申请产品定点生产,取得生产许可证。(8)自主订立经济合同,开展经济技术合作。(9)依法开发和利用自然资源。(10)依法利用外资、引进先进技术和设备,开展进出口贸易等涉外经济活动,并依照国家规定提留企业的外汇收入。(11)拒绝摊派和非法罚款,但法律、法规规定应当提供财力、物力、人力的除外。

同时,根据该条例第25条的规定,企业在生产经营活动中应当履行下列义务:(1)依法缴纳税金;(2)依照国家以及省、自治区、直辖市人民政府的规定,上交支农资金和管理费;(3)依法建立健全财务会计、审计、统计等制度,按期编报财务、统计报表;(4)保护自然资源和环境,防止和治理污染;(5)努力降低原材料和能源消耗,发展符合国家产业政策的产品;(6)做好劳动保护工作,实行安全生产;(7)保证产品质量和服务质量;(8)依法履行合同;(9)对职工进行政治思想、科学文化、技术业务和职业道德等方面的教育;(10)遵守法律、法规和政策的其他规定。

依据

《中华人民共和国乡村集体所有制企业条例》第24~25条

13 乡村集体所有制企业的税后利润，如何分配与利用？

疑惑

某食品厂是某镇的一家乡村集体所有制企业，于2020年3月成立。2021年年底，该企业进行年底结算后，有了一定的利润。于是，该企业的经营者告诉该村的农民，企业已经开始盈利。得知企业已经开始盈利后，农民们都非常高兴。然而，对于企业的税后利润如何进行分配，大家各执己见，一直都无法形成一致的意见。其中，有的农民提出按照出资比例全部分配给个人，有的提出要留足企业的部分之后再分配利润。请问，乡村集体所有制企业的税后利润，如何分配与利用？

解析

我国《乡村集体所有制企业条例》第32条明确规定了企业税后利润分配原则，即企业税后利润，留给企业的部分不应低于60%，由企业自主安排，主要用作增加生产发展基金，进行技术改造和扩大再生产，适当增加福利基金和奖励基金，剩余利润部分才可以交给企业所有者，即在本村村民个人间进行分配。企业税后利润交给企业所有者的部分，主要用于扶持农业基本建设、农业技术服务、农村公益事业、企业更新改造或者发展新企业。

在上面的案例中，乡村集体企业在盈利后，其税后的利润不能全部分配给农民个人，至少应将税后的60%留给企业，用于扩大企业的生产，促进企业的进一步发展。而对于留给企业所有者个人的部分，也需要将其用来扶持农业的建设。因此，提出将税后利润全部分配个人的农民，其说法是错误的。

需要注意的是，对于企业的税后利润，在进行分配时，必须将固定的份额留给企业，然后才能分配给企业的所有者。

依据

《中华人民共和国乡村集体所有制企业条例》第32条

14 乡村集体所有制企业可以获得政府的哪些帮助？

疑惑

张某是某村村民，一直在村里承包果园。2020年，由于水果的销路比较窄，导致农民们收成非常差。为了解决农民的困境，让其获得更多利润，该村村委会提议全体农民可以合资成立一家罐头制造厂，当应季水果无法销售时，可以制作成罐头后再销往外地，既解决了水果的销路问题，也可以让部分农民再就业。并且，该村村主任建议大家设立乡村集体所有制企业，进而让罐头厂获得政府的支持与帮助。请问，乡村集体所有制企业可以获得政府的哪些帮助？

解析

国家鼓励支持农民成立乡村集体所有制企业，颁布了一系列优惠政策支持。我国《乡村集体所有制企业条例》第34条、第35条明确规定，各级人民政府乡镇企业行政主管部门根据国家的法律、法规和政策，加强对企业的指导、管理、监督、协调和服务，具体体现在以下方面：(1)监督检查企业执行国家法律、法规和政策；(2)对企业的发展方向进行指导和监督，制定企业发展规划，协同有关部门制定农村剩余劳动力就业规划；(3)会同有关部门指导企业的计划、统计、财务、审计、价格、物资、质量、设备、技术、劳动、安全生产、环境保护等管理工作；(4)组织和指导企业的技术进步、职工教育和培训；(5)向企业提供经济、技术咨询和信息服务；(6)协调企业与有关方面的关系，帮助企业开展经济技术合作；(7)指导、帮助和监督企业开展劳动保护、环境保护等工作；(8)总结推广企业发展的经验；(9)组织和指导企业的思想政治工作，促进企业的社会主义精神文明建设。

此外，对于符合国家产业政策，经济和社会效益好的企业，各级政府还应当从以下方面创造发展条件：(1)对生产名、优产品和出口创汇产品的企业，应当在信贷、能源、原材料和运输等方面给予扶持；(2)为企业培训、招用专业技术人才和引进先进技术创造条件。同时，对在企业经营管理、科技进步、劳动保护、环境保护和思想政治工作等方面作出显著成绩的企业和个人，由人民政府给予奖励。

由此可知，若张某等村民设立乡村集体所有制企业，其可以获得政府以上各方面的支持，更有利于该村经济的发展。

依据

《中华人民共和国乡村集体所有制企业条例》第34～37条

CHAPTER

2

第二章

农民专业合作社建设与管理

15 农民专业合作社的业务主要有哪些?

疑惑

老张是十里八乡有名的养殖户,他养出来的走地鸡肉质鲜美,品质优良,提起他大家都要竖个大拇指。但是,老张始终是个人养殖户,规模一直无法扩大,销售渠道也比较有限。老张听人说隔壁村里许多养殖户和农户都加入了农民专业合作社,生产出来的农产品一点都不愁销路。老张对加入农民专业合作社也有点动心,但他对这方面的事情完全不了解,也不知道自己是否适合加入农民专业合作社。请问,农民专业合作社能够开展的业务主要都有哪些?

解析

根据我国《农民专业合作社法》第 2 条的规定,农民专业合作社就是由农产品的生产经营者或者农业生产经营服务的提供者、利用者共同经营和管理的一种互助性经济组织。本法第 3 条规定,农民专业合作社可以开展的业务主要有以下几种:第一,农业生产资料的购买、使用;第二,农产品的生产、销售、加工、运输、贮藏及其他相关服务;第三,农村民间工艺及制品、休闲农业和乡村旅游资源的开发经营等;第四,与农业生产经营有关的技术、信息、设施建设运营等服务。

同时,根据《农民专业合作社法》第15条的规定可以看出,农民专业合作社的业务范围应当写入农民专业合作社的章程当中。也就是说,农民专业合作社可以在法律规定的业务范围内挑选一种或几种来开展,但必须将所开展的业务写入章程当中,且应当按照章程规定的业务范围进行经营,不得超出章程规定的业务范围。

在上面的案例中,老张是一名养殖户,主要养殖走地鸡。根据法律的规定,老张属于农产品的生产者,完全有资格加入农民专业合作社,而农民专业合作社的互助性特征也会使老张获得更大的收益。

依据

《中华人民共和国农民专业合作社法》第2~3条、第8条、第15条

16 农民专业合作社应当遵循哪些原则?

疑惑

村民老马一直经营生猪养殖。自从其加入农民专业合作社以后,再加上老马自己的努力,他的养猪场规模越来越大,经营得也越来越红火。没过几年,老马给家里盖起了二层小楼,还给儿子在城里买了楼房。眼看孙子就要上幼儿园了，老马觉得自己也是时候安度晚年了。老马打算退出合作社，再把猪场转包给别人。由于老马给合作社带来了不少收益，合作社不想让其退社，便提出了一系列限定条件，变相阻止老马退出合作社。请问，该合作社的行为是否合法？农民专业合作社应当遵循哪些原则？

解析

农民专业合作社是农产品的生产经营者或者农业生产经营服务的提供者、利用者自愿联合、民主管理的互助性经济组织，本质上应当服务于合作社成员。根据我国《农民专业合作社法》第 4 条的规定，农民专业合作社在经营过程中，应当遵循以下几个原则：

第一，农民专业合作社的成员应当以农民为主体，具体来说，农民至少应当占成员总数的 80%。

第二，农民专业合作社应当以服务成员为宗旨，谋求全体成员的共同利益。农民专业合作社是具有互助性的组织，目的是通过各种方式实现成员之间的互助，营利并不是其最终目的。

第三，农民专业合作社应当奉行入社自愿、退社自由的原则。农民专业合作社不得强迫他人入社，也不得在成员退社时设置各种门槛，阻碍成员退社。

第四，农民专业合作社的成员地位平等，合作社内部实行民主管理的制度。本条原则具体体现在两个方面：首先，在农民专业合作社中应当成立成员大会作为权力机构；其次，农民专业合作社成员享有一人一票的表决权，可以通过民主方式对合作社事项进行决定。

第五，农民专业合作社的盈余主要按照成员与农民专业合作社的交易量（额）比例返还。

在上面的案例中，老马为扩大经营规模加入了农民专业合作社，根据法律的规定，农民专业合作社应当遵循入社自愿、退社自由的原则，但该合作社为老马退社设定了一系列限制条件，这是不符合法律规定的。

依据

《中华人民共和国农民专业合作社法》第4条

17 农民专业合作社是否与其他市场主体具有平等的法律地位？

疑惑

某养殖专业合作社设立多年，为了扩大规模，提高经济效益，由成员大会讨论表决后，决定向外投资，以获取利益。经过多方调查走访,该养殖专业合作社很看好某小型公司的发展,决定向其投资 150 万元,成为该小型公司的股东之一。在洽谈投资事项时,该小型公司却拒绝了该养殖专业合作社的投资提议,理由是认为农民专业合作社并不是具有市场主体地位的法人,担心日后发生纠纷时该养殖专业合作社无法独立应诉,会平添许多麻烦。无奈之下,该养殖专业合作社只能暂停对外投资计划。请问,农民专业合作社是否具有独立的法人资格?与其他市场主体相比是否具有平等的法律地位?

解析

农民专业合作社是具有独立的法人资格的。从我国《农民专业合作社法》第 2 条的规定可以看出,农民专业合作社是一种互助性经济组织。虽然其性质不同于其他公司、企事业单位,但本法第 5 条规定,农民专业合作社是可以在登记以后取得法人资格的。作为独立的法人,农民专业合作社的财产来源主要是成员出资、公积金、国家财政直接补助、他人捐赠以及合法取得的其他资产所形成的财产,并以上述财产独立地对债务承担责任。

同时,《农民专业合作社法》第 7 条还规定,国家保障农民专业合作社享有与其他市场主体平等的法律地位。也就是说,其他市场主体能够实施的法律行为,农民专业合作社同样可以实施,任何人或组织不得对其加以歧视。对于农民专业合作社是否能够对外投资的问题,本法第 18 条作出了明确的规定,农民专业合作社可以依法向公司等企业投资,并以出资额为限承担有限责任。

在上面的案例中,该小型公司认为农民专业合作社不是传统意义上的企业,就不具备独立的法人资格,这实际上是一种偏见和歧视。

依据

《中华人民共和国农民专业合作社法》第2条、第5条、第7条、第18条

18 设立农民专业合作社应当具备哪些条件?

疑惑

水秀村原来是个贫困村,后来在村里扶贫干部的带领下,发展起了种植业。经过科学种植,在大家的共同努力下,没过几年,水秀村就摆脱了贫困村的称号,村民们手里的钱也一天比一天多。见到这样的发展势头,大家都不满足于现状,还想将水秀村发展成为富裕村。经过讨论,大家决定把种植户们都联合起来,成立一个农民专业合作社,来帮助大家走向富裕的道路。但是,大家都没有设立农民专业合作社的经验,对如何设立合作社没什么头绪。请问,要想设立农民专业合作社,应当具备哪些条件?

解析

根据我国《农民专业合作社法》第12条的规定，设立农民专业合作社应当具备的条件主要有五个：

第一，有五名以上符合本法第19条、第20条规定的成员。在本法第19条和第20条中规定，农民专业合作社的成员应当是具有民事行为能力的公民，以及从事与农民专业合作社业务直接有关的生产经营活动的企业、事业单位或者社会组织。但是，具有管理公共事务职能的单位不得加入农民专业合作社。同时需要特别注意的是，农民专业合作社中农民应当占成员总数的80%以上。

第二，有符合本法规定的章程。在章程中，应当载明法律所规定的章程必须具备的内容。

第三，有符合本法规定的组织机构，主要包括成员大会或者成员代表大会，理事长、理事会，执行监事或者监事会等。

第四，有符合法律、行政法规规定的名称和章程确定的住所。名称是农民专业合作社作为独立的市场主体与其他市场主体相区别的标志，而住所对确定登记机关和发生民事诉讼时的地域管辖问题都有着重要作用。名称和住所缺一不可，应当谨慎对待。

第五，有符合章程规定的成员出资。农民专业合作社有财产才能在市场上立足，根据本法第13条的规定，成员出资的方式多种多样，但要注意在出资时不得使用法律、行政法规规定的不得作为出资的财产。

在上面的案例中，秀水村的种植户完全可以成立农民专业合作社，将村里的种植户团结起来共同发展。在成立农民专业合作社时，要注意上面提到的五个条件，这五个条件是法律的硬性规定，无论缺少哪一个条件，农民专业合作社都无法设立。

依据

《中华人民共和国农民专业合作社法》第12～13条、第19～20条

19 参加农民专业合作社后，对合作社的债务承担怎样的责任？

疑惑

老杨在乡下承包了一大片果园。随着年龄增长，老杨觉得靠自己一个人经营果园实在是太耗费精力了。他很想让儿子小杨辞掉工作，回乡下来帮自己打理果园。但是小杨对经营果园实在没什么兴趣，便拒绝了父亲的提议。一次，老杨和别人聊家常时，无意中提到了这件事。同村的老吴建议老杨，可以加入村里的农民专业合作社，肯定能让老杨的果园蒸蒸日上。其实,老杨也考虑过加入合作社,但他担心如果合作社经营不善,自己也会跟着背上还不完的债务。请问,如果老杨加入了农民专业合作社以后,对合作社的债务要承担哪些责任?

解析

从我国《农民专业合作社法》第 5 条可以看出,农民专业合作社作为一个整体,是我国众多经济主体中的一种,具有法人资格。农民专业合作社在对外承担债务时,其财产范围主要包括成员出资、公积金、国家财政直接补助、他人捐赠以及合法取得的其他资产所形成的财产等。其中,成员出资就是成员在加入农民专业合作社时以货币、实物、经济权利等方式向农民专业合作社缴纳的资产。为了保障农民的权利,《农民专业合作社法》第 6 条规定,农民专业合作社成员以其账户内记载的出资额和公积金份额为限对农民专业合作社承担责任。也就是说,超出上述范围的债务,农民专业合作社成员无须承担责任。由此可见,农民专业合作社的成员对合作社的债务承担的是有限责任,而非无限责任。

在上面的案例中,老杨担心加入合作社后,一旦经营不利,会背上还不完的债务。老杨的这种担心可以理解,但是当农民专业合作社真正负债时,老杨只需要在他的出资额和公积金份额内承担债务即可。

依据

《中华人民共和国农民专业合作社法》第5~6条

20 是否能用对农民专业合作社的债权作为合作社的出资？

疑惑

某种养专业合作社为了打开销售口，需要大量资金作周转。于是，该合作社向某公司借款100万元，并与该公司约定2年后将借款还清。后该合作社在向该公司还款60万元以后，便无力继续偿还借款。该公司经多次催要后未果，便向合作社提出要将剩下的40万元借款以及10万元利息共计50万元冲抵出资，加入该合作社。合作社成员们召开成员大会讨论决定后，同意了该公司的提议。请问，该公司以对该种养专业合作社的债务冲抵出资的行为是否合法？

解析

根据我国《农民专业合作社法》第19条的规定，从事与农民专业合作社业务直接有关的生产经营活动的企业、事业单位或者社会组织是可以成为农民专业合作社的成员的。同时,根据本法第 13 条的规定,成员在进行出资时,既可以使用货币,也可以使用实物、知识产权、土地经营权、林权等可以用货币估价并可以依法转让的非货币财产,以及章程规定的其他方式作价出资。但是,法律对出资方式作出了限制性规定,成员是不能以对本农民专业合作社或者合作社内其他成员的债权作为出资的。

在上面的案例中,该种养专业合作社向某公司借款,到期却无法还清借款。该公司提出要以对该种养专业合作社的债务冲抵出资,这是不符合法律规定的。如果该公司想要加入该种养专业合作社,可以其他符合法律规定的财产或者财产性权利进行出资,但同时需要注意的是,在该公司加入合作社的同时,该种养专业合作社要保证成员中农民的占比在 80% 以上。

依据

《中华人民共和国农民专业合作社法》第 13 条、第 19 条

21 农民专业合作社设立大会的职权有哪些?

疑惑

刘某与丈夫结婚后,丈夫外出打工,却因工伤意外去世,留下了2岁的女儿由刘某独自抚养。为了抚养女儿,刘某用家里的积蓄养起了蜜蜂。刘某没有销路,便在网络平台上发布了自己养蜂和酿蜜的视频,没想到很快就有许多人关注了她。没过多久,刘某又在直播平台开起了直播,观众们都对刘某的蜂蜜质量赞不绝口,刘某很快就靠养蜂撑起了一家人的生活。刘某养蜂挣到钱以后,把自己养蜂的经验传授给了村里其他人,村民们也都纷纷养起蜜蜂来。村里养蜂的人一多,刘某就打算把大家团结起来,设立一个养蜂专业合作社,大家互帮互助。刘某听说要设立农民专业合作社就要召开设立大会,她想知道,什么是设立大会?设立大会的职权又有哪些?

解析

召开设立大会是设立农民专业合作社的必经程序,应当由全体设立人参加。根据我国《农民专业合作社法》第14条的规定,设立大

会的职权主要有三个:

第一,通过本社的章程。有符合法律规定的章程是设立农民专业合作社的必备条件之一,章程体现的是全体设立人的共同意志,应当由全体设立人一致通过。

第二,选举产生理事长、理事、执行监事或者监事会成员。根据本法第33条的规定,理事长是本社的法定代表人,必须设立,理事、执行监事或者监事会可以由设立人根据本社的具体情况决定是否设立。需要注意的是,理事长、理事、经理和财务会计人员不得兼任监事。

第三,审议其他重大事项。重大事项的内容法律并没有强制性规定,可以由设立人进行灵活把握。

在上面的案例中,刘某需要召集至少5名成员,才能准备设立农民专业合作社。在设立时自愿成为该社成员的人就是设立人,应当由全体设立人召开设立大会,对设立养蜂专业合作社的具体事项进行讨论,对法律规定的事项作出决定后,该社才能正式设立。

依据

《中华人民共和国农民专业合作社法》第14条、第33条

22 农民专业合作社的章程应当包含哪些内容？

疑惑

焦某是一名茶商，经常前往全国各地收购品质好的茶叶。一次，焦某前往某个山村，发现当地的茶叶品质很好。当地自然环境优越，对于种植茶叶有着天然的优势，当地大部分村民都以种茶为生。焦某认为如果能提高该山村所生产茶叶的知名度，肯定能扩大销量，获得巨大的利益。于是，焦某向该村提出要签订购茶协议，由该村每年向其提供茶叶。但由于焦某需要的数量较多，只靠散户无法达到要求，利益也不好分配。该村决定趁机成立一个茶叶专业合作社，以合作社的名义与焦某签订购茶合同。得知这个消息以后，不少种茶户都提出要加入合作社。在合作社设立前，设立人共同召开了设立大会，在设立大会上决定章程内容。请问，农民专业合作社的章程应当包含哪些内容？

解析

根据我国《农民专业合作社法》第15条的规定，在农民合作社的

章程中,应当载明下列事项:

第一,名称和住所。名称是农民专业合作社独立法人资格的标志,在确定名称时应当符合法律、法规的强制性规定。住所能够确定行政管辖权和司法管辖权,如果住所变更,应当及时进行登记。

第二,业务范围。农民专业合作社的业务范围包括农业生产资料的购买、使用;农产品的生产、销售、加工、运输、贮藏及其他相关服务;农村民间工艺及制品、休闲农业和乡村旅游资源的开发经营等;与农业生产经营有关的技术、信息、设施建设运营等服务。

第三,成员资格及入社、退社和除名。在章程中可以根据本社的经营范围,在法律所规定的农民专业合作社的成员范围内对成员资格作出更为具体的规定。

第四,成员的权利和义务。除了法律所规定的农民专业合作社成员所固有的权利和义务以外,章程中还可以对这些权利与义务进行细化,或者规定其他权利义务。

第五,组织机构及其产生办法、职权、任期、议事规则。组织机构通常包括成员大会、成员代表大会、理事长或者理事会、执行监事或者监事会、经理等,具体如何设立应当根据法律的规定已经本社具体情况,在章程中予以说明。

第六,成员的出资方式、出资额,成员出资的转让、继承、担保。成员的出资额是农民专业合作社开展经营活动的主要资金来源,应当将各成员的出资额以及出资额总数明确地记载在章程中。

第七,财务管理和盈余分配、亏损处理。农民专业合作社应当按照国务院财政部门制定的财务会计制度进行财务管理和会计核算。

第八，章程修改程序。在对章程进行修改时，应当召开成员大会，并由本社成员表决权总数的2/3以上通过。章程可以在此基础上对表决权数作出更高的规定。

第九，解散事由和清算办法。章程应当对本社的解散事由作出明确规定，当发生解散事由时，农民专业合作社解散。解散后，应当按照法定程序对本社的财产进行妥善处置。

第十，公告事项及发布方式。章程中应当根据本社的具体情况，对需要进行公告的事项以及公告的发布方式作出明确规定。

第十一，附加表决权的设立、行使方式和行使范围。出资额或者与本社交易量（额）较大的成员按照章程规定，可以享有附加表决权。本社的附加表决权总票数，不得超过本社成员基本表决权总票数的20%。享有附加表决权的成员及其享有的附加表决权数，应当在每次成员大会召开时告知出席会议的全体成员。

第十二，需要载明的其他事项。本项为弹性条款，可以由成员在不违反法律强制性规定的情况下自由约定。

在上面的案例中，该村要成立种茶专业合作社，应当在设立合作社时按照法律规定决定章程内容，并根据本社成员以及具体的经营范围对章程进行相应的规定。

依据

《中华人民共和国农民专业合作社法》第15条

23 设立农民专业合作社，需要向登记管理部门提交哪些文件？

疑惑

翟某是一名土生土长的农民，靠种地为生。近几年来由于气候的影响，翟某的土地连年减产。在朋友的建议下，翟某决定将土地承包给他人，自己转行养起了绵羊。这时，翟某的儿子也大学毕业回到家乡，带回了先进的科学养殖知识。经过科学养殖的绵羊产出的羊毛不仅质量好而且产量多，使翟某很快走上了小康的道路。翟某的亲戚朋友见证了翟某的成功之路，纷纷表示要加入养羊的队伍。于是，翟某打算与亲戚朋友一起成立一个农民专业合作社。在做完前期工作以后，翟某准备前往登记管理部门进行登记，但是不知道该准备什么材料。请问，要设立农民专业合作社，应当向工商行政管理部门提交哪些文件？

解析

根据我国《农民专业合作社法》第 16 条的规定，设立农民专业合作社的登记机关为工商行政管理部门（现一般为市场监督管理部门)。在申请设立登记时,应当准备的材料主要有六种:登记申请书,全体设立人签名、盖章的设立大会纪要,全体设立人签名、盖章的章程,法定代表人、理事的任职文件及身份证明,出资成员签名、盖章的出资清单,住所使用证明。除这六种外,如果法律、行政法规还规定了其他需要提交的文件,在申请时也应当一并提交。如果在登记完成后,农民专业合作社的法定登记事项发生了变更,还应当向工商行政管理部门申请变更登记。

农民专业合作社依法设立以后,其作为市场主体影响着市场经济秩序,有义务将法定事项定期向社会公开。根据《农民专业合作社法》第 17 条的规定,农民专业合作社应当依法向登记机关报送年度报告,并将年度报告向社会进行公示。

在向登记机关提交登记文件时,农民专业合作社有义务保证文件的真实性,如果其提交的文件是虚假的,或者采取了其他欺诈手段取得登记的,应当按照《农民专业合作社法》第 70 条的规定,由登记机关对其进行相应的行政处罚。

在上面的案例中,翟某要成立农民专业合作社,应当在设立合作社前先召开设立大会,对本社的基本事项作出决定。决定好本社的基本事项后,翟某应当对本社的事项进行整合,整理出法律所规定的文件,向当地的市场监督管理部门提交设立登记申请。

依据

《中华人民共和国农民专业合作社法》第 16 ~ 17 条、第 70 条

24 农民专业合作社可以对外进行投资吗?

疑惑

周某是当地有名的养殖能手,不仅自己走上了致富的道路,还通过网络直播带领全村人一起养起了鹌鹑。随着养殖队伍的扩大,周某觉得是时候正式设立一个农民专业合作社,让村民们的养殖规模迈上新的台阶。于是,周某向大家传达了设立合作社的意思,村民们纷纷响应,并推举周某成为社长。合作社设立以后,周某广招人才,引入科学养殖方法,使村民们的收益有了质的提升。几年以后,合作社的规模越来越大,周某计划以合作社的名义对外投资,以提高合作社的收益。合作社的成员们对周某的提议高度赞同,经过成员大会讨论决定,先向A公司投资100万元作为尝试。请问,农民专业合作社可以对外进行投资吗?

解析

根据我国《农民专业合作社法》第7条的规定,农民专业合作社享有与其他市场主体平等的法律地位,具有独立的法人资格。作为独立的法人,农民专业合作社当然享有对公司等企业进行投资的权利。进行投资也能够促进农民专业合作社规模的扩大,有助于提高农民专业合作社的经济效益。同时,为了保护农民专业合作社和其成员的利益,在本法第18条中规定,农民专业合作社以出资额危险对所投资企业承担责任,也就是说,农民专业合作社对所投资企业的债务仅承担有限责任,而非无限责任。

需要注意的是,农民专业合作社在决定投资事项时,应当根据《农民专业合作社法》第29条和第30条的规定,召开成员大会,并应当由本社成员表决权总数过半数通过。

依据

《中华人民共和国农民专业合作社法》第7条、第18条、第29~30条

25 任何人或组织都可以成为农民专业合作社的成员吗?

疑惑

江河村拥有优越的旅游资源,每年都会有很多游客不远千里地前来欣赏当地广阔的天空以及一望无际的大草原。凭借着地理条件的优势，当地村民大多在家中饲养牛羊，通过贩卖牛羊及牛奶为生。江河村的书记李某向村民们提议设立一个农民专业合作社，这样能够帮助大家更好地进行销售。于是，江河村的养殖户们共同设立农民专业合作社，并推选出养殖户中最有威望的汪某担任理事长。在汪某的带领以及众多成员的共同努力下，合作社规模越来越大。为了报答村干部们的努力，汪某提出邀请村委会加入合作社，共同分享合作社的利润，成员们纷纷表示赞同。请问，村委会是否能够成为专业合作社的成员？

解析

根据我国《农民专业合作社法》第19条的规定，并不是任何人或组织都可以成为农民专业合作社的成员，法律对成员的资格作出了相应的限制。

首先，农民专业合作社成员中的公民必须具备民事行为能力，无民事行为能力人或者限制民事行为能力人不得加入农民专业合作社。

其次，农民专业合作社成员中的企业、事业单位或者社会组织必须能够利用农民专业合作社提供的服务，承认并遵守农民专业合作社章程，履行章程规定的入社手续。

最后，具有管理公共事务职能的单位不得加入农民专业合作社，这是法律的强制性规定。

此外，在确定本社成员比例时，还要注意遵守本法第20条的规定，确定好农民、企业、事业单位或者社会组织成员的数量。

在上面的案例中，汪某提出要邀请江河村的村委会加入合作社，这个提议是不符合法律规定的。江河村的村委会是本村的基层群众性自治组织，具有管理公共事务的职能，按照法律规定不得成为农民专业合作社的成员。即使已经召开了成员大会，其他成员同意村委会加入，也是不具有法律效力的。

依据

《中华人民共和国农民专业合作社法》第 19～20 条

26 农民专业合作社的成员中对“农民”的比例有要求吗？

疑惑

谭某是某村的村民，以种植棉花为生。谭某的表哥洪某也是一名棉花种植户，他要与几个朋友共同设立一个棉花种植专业合作社，询问谭某是否要加入，谭某答应。几年过去了，棉花种植专业合作社的规模也没有明显扩大的趋势，成员始终停留在 10 个左右，而且还都是当地的种植户。为了扩大规模，谭某与洪某两人联系到某纺织企业与某布艺企业，并邀请其加入棉花种植专业合作社。纺织企业与布艺企业都认为该合作社的棉花质量优良，愿意加入。请问，上面提到的两个企业能否加入棉花种植专业合作社？农民专业合作社对成员的比例是否有要求？

解析

根据我国法律的规定，农民专业合作社的成员不只限于公民，还包括不具有管理公共事务职能的企业、事业单位或者社会组织，只要其生产经营活动与农民专业合作社的业务直接有关，都可以加入农民专业合作社。但是需要注意的是，《农民专业合作社法》第 20 条对成员的比例作出了限制性规定。在农民专业合作社的成员中，农民应当占成员总数的 80% 以上，如果成员总数在 20 人以下，只能有一个企业、事业单位或者社会组织成员；如果成员总数在 20 人以上，企业、事业单位和社会组织成员最多也不能超过成员总数的 5%。这是因为农民专业合作社主要是为了推进农业和农村的现代化，帮助农民创收，如果在农民专业合作社中农民成员的占比过少，就背离了国家建立农民专业合作社制度的初衷。

在上面的案例中，谭某所加入的棉花种植专业合作社成员有 10 个左右，并且都是当地的种植户。由此可见，该合作社的成员总数在 20 人以下，且均为农民。纺织企业与布艺企业都与棉花种植有着直接的关系，符合《农民专业合作社法》第 20 条中对于成员资格的规定,可以加入棉花种植专业合作社。但是,该合作社目前最多只能由一个企业、事业单位或者社会组织成员加入,只能从纺织企业与布艺企业中选择其一成为本社的成员。

依据

《中华人民共和国农民专业合作社法》第19条第1款、第20条

27 农民专业合作社成员享有哪些权利和承担哪些义务?

疑惑

小胡大学毕业以后与朋友一起回到家乡种植水果。小胡与朋友都没有种植水果的经验,幸好在村民们的热情帮助下,果园的收成也算不错。有村民建议小胡和朋友加入村里的水果种植专业合作社,能够帮助他们更好地经营果园。小胡与朋友商量以后,决定加入合作社,并提出了申请。在等待申请通过的过程中,小胡与朋友两人多方查询了关于农民专业合作社的相关资料。但作为种植户,两人最关心的还是加入合作社以后的权利义务问题。请问,农民专业合作社的成员都享有哪些权利,又要承担哪些义务?

解析

我国《农民专业合作社法》第21条和第23条规定了农民专业合作社成员的权利和义务。根据这两条规定,农民专业合作社成员享有的权利主要有以下几种:

第一,参加成员大会,并享有表决权、选举权和被选举权,按照章程规定对本社实行民主管理。成员在行使表决权和选举权时,实行一人一票制,每个成员各享有一票的基本表决权。同时根据章程规定,出资额或者与本社交易量(额)较大的成员还可以享有附加表决权。

第二,利用本社提供的服务和生产经营设施。农民专业合作社应当以服务成员为宗旨,这是农民专业合作社应当遵循的基本原则。

第三,按照章程规定或者成员大会决议分享盈余。盈余主要按照成员与农民专业合作社的交易量(额)比例返还,具体分配办法按照章程规定或者经成员大会决议确定。

第四,查阅本社的章程、成员名册、成员大会或者成员代表大会记录、理事会会议决议、监事会会议决议、财务会计报告、会计账簿和财务审计报告。作为农民专业合作社的成员,有权对本社的基本情况进行了解,当成员提出要查阅相关文件时,农民专业合作社也不能横加阻拦。

第五,章程规定的其他权利。这一点为法律的弹性规定,主要根据本社的具体情况由章程进行规定。

农民专业合作社成员要承担的义务主要有以下几个：

第一，执行成员大会、成员代表大会和理事会的决议。不遵守上述决议的成员，农民专业合作社可以根据法定程序对其予以除名。

第二，按照章程规定向本社出资。成员的出资额不仅是农民专业合作社经营过程中的主要资金来源，也与成员能够分配到的利益多少息息相关。

第三，按照章程规定与本社进行交易。农民专业合作社应当为每个成员设立成员账户并记载该成员与本社的交易量(额)。

第四，按照章程规定承担亏损。一般来说，农民专业合作社成员以其账户内记载的出资额和公积金份额为限对农民专业合作社承担责任。

第五，章程规定的其他义务。本条规定同样为弹性规定，需要根据章程的具体内容进行把握。

在上面的案例中，小胡与朋友加入村里的水果种植专业合作社后，对两人的收益必然是有着积极作用的。作为合作社的成员，小胡与朋友也应当根据法律的规定，行使相应的权利，履行相应的义务。

依据

《中华人民共和国农民专业合作社法》第21条、第23条

28 农民专业合作社中的表决权是按“人头”还是按“出资”？

疑惑

某村的养蚕业非常发达，村里也设立了桑蚕专业合作社。老郭以前靠种地为生，见其他村民都加入了桑蚕专业合作社养起了蚕，赚了钱，老郭心里有些羡慕，和妻子商量以后，决定不再种地，拿出家里的5万元积蓄作为出资，加入桑蚕专业合作社。入社以后，老郭一打听，成员中自己的出资额最少，难免担心自己在合作社里会不会矮别人一头。老郭入社后不久，又有新成员要加入合作社，理事长通知大家召开成员大会，对新成员的入社问题进行表决。得知这件事以后，老郭心里有点忐忑，他只出资了5万元，能对新成员的入社问题指手画脚吗？请问，在农民专业合作社中，成员的表决权是按“人头”还是按“出资”？

解析

成员大会是农民专业合作社的权力机构，由全体成员组成。根据我国《农民专业合作社法》第22条的规定，成员大会的表决权分为两种:基本表决权和附加表决权。基本表决权是每个成员都享有的基本权利,实行一人一票制,无论成员出资多少,都享有一票的基本表决权。而附加表决权并不是每个成员都享有的权利,只有出资额或者与本社交易量(额)较大的成员才能享有。附加表决权的行使应当遵循章程的规定,总票数不得超过本社成员基本表决权总票数的20%。

根据《农民专业合作社法》第29条第7项的规定,应当由成员大会对成员的入社作出决议,并由全体成员进行表决。在上面的案例中,老郭既然已经加入了桑蚕专业合作社,就是合作社里的一分子,自然享有表决权这一基本权利。虽然老郭的出资额较少,但出资额只和其能够分配的盈余以及公积金有关,并不会影响其基本表决权,其依然有权利对成员的入社问题表达自己的意见。

依据

《中华人民共和国农民专业合作社法》第22条、第29条

29 要求加入或退出农民专业合作社，应当向谁提出申请？

疑惑

老贾所居住的大舟村是一个靠海的小山村，村民们靠打渔为生。国家出台农民专业合作社制度后，村里也随着趋势设立了渔业专业合作社。老贾一家也加入了合作社，成为其中的一员。参加渔业专业合作社的几年里，老贾凭借着自己的勤劳给家里挣了不少钱，还供3个子女念完了大学。子女们大学毕业后，都在城市里找到了工作，逐渐成家立业，老贾一家的生活也越来越好了。今年年初，老贾的大儿子提出要接父母到城里度过晚年生活，老贾和妻子商量以后，决定退出渔业专业合作社，把村里的房子卖掉，跟子女到城市里生活。请问，老贾应当向谁提出退社的申请？

解析

农民专业合作社遵循“入社自愿、退社自由”的原则，但是在入社和退社时，应当按照法定程序进行。根据我国《农民专业合作社法》第24条和第25条的规定，成员入社和退社的程序不尽相同。入社时，符合成员资格的公民、企业、事业单位或者社会组织应当向理事长或理事会提出申请且应当是书面申请，成员大会或者成员代表大会表决通过后，才可以成为本社的成员。成员大会表决时，根据本法第30条的规定，应当由本社成员表决权总数过半数通过。当成员想要退社时，不仅要向理事长或理事会提出书面申请，还要遵守时间上的限制。成员为公民的，应当在会计年度终了的3个月前提出申请；成员为企业、事业单位或者社会组织的，应当在会计年度终了的6个月前提出申请。

在上面的案例中，老贾想要退出渔业专业合作社，应当向本社的理事长或理事会提出书面的退社申请。由于老贾属于公民成员，在会计年度终了的3个月前提出申请即可。如果在本社的章程中对提出申请的时间另有规定的，老贾应当遵守章程的规定。老贾退社以后，其成员资格自会计年度终了时终止。

依据

《中华人民共和国农民专业合作社法》第24～25条、第30条

30 农民专业合作社开除成员，要经过哪些程序？

疑惑

杜某在村里承包了一片土地，种植高粱、小麦等农作物。杜某这个人不仅勤劳，还善于接受新鲜事物。他是村里第一个采取科学种植方法的农户，也是第一个在农田里使用现代化技术的人。平时，杜某也乐于将自己的种植经验和大家分享，村民们都很佩服他。村里设立粮食专业合作社后，杜某也加入并成为骨干和带头人。起初，杜某还牢记着自己的职责，带领成员们发展种植业。但渐渐地，杜某被权力和利益蒙蔽了双眼。他利用自己的职务之便，克扣其他成员应当分得的盈余，有时还在交易过程中吃回扣。杜某的行为很快被其他成员发现，大家对杜某既气愤又失望，决定将杜某从合作社中除名。请问，要开除农民专业合作社的成员，需要经过哪些程序？

解析

根据我国《农民专业合作社法》第26条的规定，农民专业合作社对本社成员予以除名的事由主要有两个：第一，成员不遵守本社的章程、成员大会或者成员代表大会的决议；第二，成员严重危害其他成员及农民专业合作社利益的。在对成员进行除名时，应当经过成员大会或者成员代表大会的表决，如果表决通过，才能对相应成员予以除名。需要注意的是，在召开成员大会或成员代表大会对成员进行除名之前，该成员应当拥有陈述意见的机会。根据本法第30条的规定，如果成员大会中同意对该成员进行除名的人数达到本社成员表决权总数的半数以上，对该成员予以除名的决议即告通过，该成员的成员资格自会计年度终了时终止。

在上面的案例中，杜某克扣其他成员的盈余，收受回扣，其行为已经损害到本社其他成员以及本社的利益，该合作社有权对杜某予以除名。在对杜某进行除名时，要注意遵守法定程序，不得未经成员大会表决便直接将杜某除名。

依据

《中华人民共和国农民专业合作社法》第26条、第30条

31 成员资格终止时，“善后事宜”如何处理？

疑惑

应某是一名兔子养殖户，其表姐也在养殖兔子，还加入了村里的兔业专业合作社。在表姐的鼓励下，应某也决定加入兔业专业合作社。入社以后，应某却觉得与自己预想中的不太一样。他感觉自己在合作社里并不受重视，反而还不如自己以前一个人单干自由自在。考量再三后，应某还是决定退出兔业专业合作社，并向理事会提交了退社申请。请问，当应某退社以后，该兔业专业合作社应当如何处理“善后事宜”？

解析

农民专业合作社的成员在退社时完全自由，只需按照法定程序提交退社申请即可退社。成员退社以后，其成员资格自会计年度终了时终止。根据我国《农民专业合作社法》第 27 条的规定，如果成员在资格终止以前与农民专业合作社存在已经订立但尚未履行完毕的合同，该合同应当在成员资格终止以后继续履行。对于成员的出资额和公积金份额问题，根据本法第28条的规定，应当按照章程规定的方式和期限予以退还。对于成员资格终止前的可分配盈余，应当按照本法第44条的规定，按照成员与本社的交易量（额）比例进行返还。当成员资格终止以后，对于资格终止前本社的亏损以及债务，应当按照章程规定进行分摊。资格终止以后本社的亏损和债务，该成员不必再承担责任。

在上面的案例中，应某退社以后，其成员资格并不是在提交退社申请后终止，而是在会计年度终了时终止。而应某退社以后应某的合同、出资额、公积金以及可分配盈余的问题，也应当按照法律以及章程的规定，一一进行处置。

依据

《中华人民共和国农民专业合作社法》第27～28条、第44条

32 农民专业合作社成员大会拥有怎样的职权？

疑惑

小罗是一名中医药学专业毕业的大学生，大学毕业以后，她没有选择成为一名医生，而是回到了家乡，准备利用家乡的地理优势种植中药材。回到家乡以后，小罗利用自己在学校里学到的专业知识，种起了一片药田。不仅如此，小罗还在本村和隔壁村大力宣传种植中药材的好处，很快就有几个农户加入了小罗的队伍。几年以后，小罗联合了几名种植中药材的农户，决定设立一个药草专业合作社。经过一系列程序以后，合作社终于成功设立。合作社设立以后的第一件事，就是要召开成员大会。这还是小罗第一次组织召开成员大会，没有什么经验。她想知道，在农民专业合作社中，成员大会拥有怎样的职权？

解析

成员大会是农民专业合作社的权力机构，根据我国《农民专业合作社法》第29条的规定，其职权主要有以下几种：

第一，修改章程。在对章程进行修改时，应当由本社成员表决权总数的2/3以上通过。

第二，选举和罢免理事长、理事、执行监事或者监事会成员。理事长、理事、执行监事或者监事会成员，由成员大会从本社成员中选举产生，依照本法和章程的规定行使职权，对成员大会负责。

第三，决定重大财产处置、对外投资、对外担保和生产经营活动中的其他重大事项。这些重大事项关系到农民专业合作社在经营过程中的命脉，应当由成员大会进行决议。

第四，批准年度业务报告、盈余分配方案、亏损处理方案。

第五，对合并、分立、解散、清算，以及设立、加入联合社等作出决议。此项内容也应当由本社成员表决权总数的2/3以上通过。

第六，决定聘用经营管理人员和专业技术人员的数量、资格和任期。

第七，听取理事长或者理事会关于成员变动情况的报告，对成员的入社、除名等作出决议。成员的入社、退社申请都是向理事长或理事会提交，并非直接提交给成员大会。

第八，公积金的提取及使用。

第九，章程规定的其他职权。如果成员大会仍有其他职权需要补充的，也可以由章程根据实际情况另行规定。

当农民专业合作社的成员过多，召开全体成员参加的成员大会较有难度时，可以根据《农民专业合作社法》第32条的规定，设立成员代表大会。对于成员代表大会的职权范围，可以由章程根据成员大会的职权范围进行规定。成员代表大会的人数一般为成员总人数的10%，但是最低人数不能低于51人。举例来说，某农民专业合作社的成员总共为200人，成员总数的10%为20人，但是成员代表大会的人数应当为51人。

在上面的案例中，该药草专业合作社的成员人数并未超过150人，无须成立成员代表大会。该药草专业合作社在召开成员大会时，可以根据法律、行政法规以及章程的规定，行使成员大会的职权。

依据

《中华人民共和国农民专业合作社法》第29条、第32条

33 农民专业合作社成员大会的表决权“通过率”多少为合法有效?

疑惑

白云村因地制宜发展特色生态农业,终于摆脱了贫困村的名号。村里的农户联合起来,设立了生态农业专业合作社。几年以来,合作社的经济效益一直稳步增长,成员们也因加入合作社获得了比以前更高的收益。随着生态农业专业合作社的规模越来越大,原来的章程内容明显已经落后,无法满足现在合作社发展的需要。于是,该生态农业专业合作社决定对章程进行修改。该生态农业专业合作社召开了成员大会,并在成员大会上对章程内容修改的事项进行表决。最终的表决结果显示,有半数以上但不到2/3的成员同意修改章程。请问,该生态农业专业合作社的章程能否修改?成员大会的表决权“通过率”多少为合法有效?

解析

根据我国《农民专业合作社法》第30条的规定,农民专业合作社要召开成员大会,出席的人数至少应当达到成员总数的2/3以上。也就是说，假如某农民专业合作社总共有成员60人，在召开成员大会时出席人数应当至少达到40人。出席人数达到要求以后，如果是对农民专业合作社内的领导人员进行选举，或者对合作社内的一般事项进行决议的，本社成员表决权总数过半即可通过。如果是要修改章程，或者合并、分立、解散农民专业合作社，或者设立、加入联合社这几种事项任意其一的，都应当由本社成员表决权总数的2/3以上通过才合法有效。同时，章程还可以对表决权数另行规定，但是只有在章程规定高于法律规定时，才根据章程规定确定表决权数。

在上面的案例中，该生态农业专业合作社召开成员大会是为了修改章程的内容。根据法律规定，修改章程属于特殊事项，应当由本社成员表决权总数的2/3以上通过。从案例中可以看出，该合作社同意修改章程的成员虽然已经达到半数以上，但并未达到总数的2/3，章程内容不能进行修改。

依据

《中华人民共和国农民专业合作社法》第30条

34 农民专业合作社成员大会多久召开一次？有急事可以临时召开吗？

疑惑

曾某是村里的蔬菜种植户,3 年前加入了村里设立的蔬菜种植专业合作社。加入合作社以后,曾某发现该合作社的管理十分松散无序,成员们之间的联结也不是很紧密,导致合作社的经济效益一直上不去。其他成员很快注意到了曾某的领导能力,在一次成员大会上推举曾某为理事长。曾某成为理事长后,对合作社进行了大刀阔斧的改革,并想办法将合作社的规模扩大。他注意到附近村庄的农民专业合作社还加入了联合社,对合作社的经济效益有着很大的助推作用。于是,曾某打算让他们的蔬菜种植专业合作社也加入联合社,准备召开成员大会对此事进行表决。章程中记载成员大会每隔半年召开一次,而距离上次成员大会召开还不到 3 个月。请问,成员大会一般多久召开一次?如果有急事,能否临时召开成员大会?

解析

根据我国《农民专业合作社法》第 31 条的规定,农民专业合作社的成员大会每年必须至少召开一次，而具体召开的次数由章程具体进行规定。但是，成员大会的次数并不是固定的，当发生法律所规定的情形时，应当在20日内召开临时成员大会。召开临时成员大会的情形主要有以下三种：第一，有30%以上的成员提议。第二，执行监事或者监事会提议。第三，章程规定的其他情形。在章程中，可以对具体的紧急情况进行规定，当发生章程规定的情形时，即可召开临时成员大会。

在上面的案例中，曾某想要让蔬菜种植专业合作社加入联合社，这一事项需要经过成员大会表决才能决定。如果曾某想要召开临时成员大会，可以将加入联合社的事情通知全体成员，由30%以上的成员提议召开。

依据

《中华人民共和国农民专业合作社法》第30～31条

35 农民专业合作社中的组织机构除成员大会外还有哪些？

疑惑

于某是村里的干部，村子依山傍水，景色十分优美，村子里也有许多养殖水禽的养殖户。于某认为村里的养殖户比较分散，生产能力和销售能力都比较有限，不利于村子“脱贫”。于是，于某对村里的各个养殖户进行了走访，并倡导大家联合起来设立一个水禽养殖专业合作社。养殖户们纷纷响应。在设立农民专业合作社之前的设立大会上，大家只推选出了理事长，其他领导干部都未推选出来。合作社正式设立以后，成员们召开了成员大会，准备选举其他组织机构。请问，农民专业合作社中的组织机构除成员大会和理事长外，还有哪些呢？

解析

农民专业合作社的组织机构包括成员大会、成员代表大会、理事长、理事会、监事、监事会、经理和财务会计人员等。其中必须设立的是成员大会和理事长，成员大会为权力机构，理事长为本社的法定代表人。监事会等其他组织机构可以根据本社的具体情况，在章程中具体进行设立。

根据我国《农民专业合作社法》第33条的规定，理事长、理事、执行监事或者监事会成员均应当由成员大会从本社成员中选举产生，需要注意的是，理事长、理事、经理和财务会计人员是不能兼任监事的。这是为了保证监事的独立性，以便更好地对农民专业合作社的经营活动进行监督。同时，根据本法第37条和第38条的规定，农民专业合作社的理事长、理事、经理不得兼任业务性质相同的其他农民专业合作社的理事长、理事、监事、经理。而执行与农民专业合作社业务有关公务的人员，不得担任农民专业合作社的理事长、理事、监事、经理或者财务会计人员。

根据《农民专业合作社法》第35条的规定，经理和财务会计人员并非直接由成员大会选举产生，而是由理事长或理事会按照成员大会的决定进行聘任的。除此以外，经理还可以按照章程或者理事会的决定聘任合作社中的其他人员。在召开成员大会、成员代表大会、理事会、监事会等各项会议时，还应当把会议中涉及的对相关事项的决定制成会议记录，相关人员应当在会议记录上进行签名。

在上面的案例中，该水禽养殖专业合作社在设立大会上并未对组织结构具体事宜进行详细约定，可以在合作社设立以后，通过召开成员大会、理事会、监事会等方式，一一对合作社内部人员进行安排。

依据

《中华人民共和国农民专业合作社法》第33~35条、第37~38条

36 农民专业合作社的管理人员擅自收受回扣的，违法吗？

疑惑

某村设立一个水产专业合作社，成员主要为本村的水产养殖户。随着合作社规模的扩大，需要更多的管理人员对合作社的事务进行管理。于是，该合作社召开了成员大会，选举了包括邓某在内的5名成员作为合作社的理事。邓某走马上任以后，自认为比其他成员高出一等，每天趾高气昂。时间一长，邓某还动起了歪心思，想要趁着自己在任理事期间给自己捞点好处。于是，邓某在对外签订供销合同的过程中，利用自己的职务之便收受了不少好处费。其他成员对此非常气愤，纷纷表示要将邓某除名。请问，邓某作为管理人员收受回扣的行为，违法了吗？

解析

根据我国《农民专业合作社法》第36条的规定，农民专业合作社的理事长、理事和管理人员不得接受他人与本社交易的佣金归为己有。如果农民专业合作社的管理人员在交易过程中收受回扣，势必导致交易在不平等的情况下发生，从而侵犯到其他成员的合法权益，给农民专业合作社的利益造成损害。对于此种行为，农民专业合作社有权根据本法第 26 条的规定，对收受回扣的理事长、理事和管理人员作出除名的决定。

在上面的案例中，邓某是由成员大会选举出来的理事。理事由成员大会从本社的成员中选举出来，应当依据法律和章程行使职权，对成员大会负责。但是，邓某却利用职务之便，在对外签订供销合同时收取对方的回扣，侵害了本社其他成员的合法权益。对于邓某的行为，其他成员可以召开成员大会或成员代表大会进行表决除名。

依据

《中华人民共和国农民专业合作社法》第 26 条、第 36 条

37 农民专业合作社合并或分立的，原来的债务谁来承担？

疑惑

某村设立了一个葡萄专业合作社，但设立 2 年来成员人数寥寥，规模也很小，所得的收益更是不值一提。镇上有个拥有成员人数200多人的水果种植专业合作社，种植技术很先进。该葡萄专业合作社召开了成员大会进行了相应的讨论和表决，最终决定将本社合并到水果种植专业合作社中。该葡萄专业合作社与水果种植专业合作社签订了合并协议，约定将其全部成员转移到该水果种植专业合作社，葡萄专业合作社注销。此前，该葡萄专业合作社还欠下B公司一笔130万元的债务尚未还清。请问，该葡萄专业合作社与水果种植专业合作社合并以后，其原来的债务应当由谁来承担？

解析

农民专业合作社在经营过程中，可以根据本社的经营状况，决定是否需要与其他农民专业合作社进行合并，或者进行分立。无论是合并还是分立，原本的农民专业合作社的债权债务关系必然发生变化。根据我国《农民专业合作社法》第46条和第47条的规定，当农民专业合作社合并时，合并各方的债权、债务应当由合并后存续或者新设的组织承继。举例来说，A农民专业合作社与B农民专业合作社合并，形成了C农民专业合作社。原本双方的债权和债务就应当由新成立的C农民专业合作社承继。当农民专业合作社分立时，分立前的债务一般由分立后的组织承担连带责任。需要注意的是，如果分立前与债权人就债务清偿达成的书面协议另有约定的，不适用此规定。例如，A农民专业合作社分立成为B农民专业合作社和C农民专业合作社，其原本的债权和债务关系由B和C承担连带责任。

在上面的案例中，该葡萄专业合作社并入水果种植专业合作社后就不复存在，其成员也都转移到该水果种植专业合作社中。根据法律的规定，该水果种植专业合作社属于合并后存续的组织，应当承担原来的葡萄专业合作社所欠的130万元的债务。

依据

《中华人民共和国农民专业合作社法》第46～47条

38 农民专业合作社解散的原因有哪些？

疑惑

某村的几名草莓种植户共同设立了一个草莓专业合作社，在章程中规定如果5年以后净利润过低，就解散草莓专业合作社。经营3年以后，合作社的成员数始终没有增长，规模也没有扩大，更没有什么利润。成员们经过分析，认为本社的草莓销售途径过少，也没有先进的生产技术和知识，草莓的产量和销量都上不去，如果要拓宽销路，引进先进技术，又会花费很大一笔开销。该草莓专业合作社召开了成员大会，最终讨论决定，虽然还没有到章程中规定的5年期限，但现在合作社已经收入微薄，再维持下去也没有什么意义，不如早日解散大家各奔前程。于是，大家一致表决通过解散草莓专业合作社的决议。请问，草莓专业合作社是否能够就此解散？农民专业合作社解散的原因有哪些？

解析

根据我国《农民专业合作社法》第48条的规定，农民专业合作社解散的原因主要有四个：

第一，章程规定的解散事由出现。如果农民专业合作社在章程中规定了本社解散的事由，那么当解散事由出现时，农民专业合作社解散。

第二，成员大会决议解散。如果解散事由尚未出现或章程并未规定解散事由，经过成员大会共同表决通过的，农民专业合作社也可以解散。

第三，因合并或者分立需要解散。如果农民专业合作社合并或者分立以后成立了新的农民专业合作社，原来的农民专业合作社就已经不复存在，应当解散。

第四，依法被吊销营业执照或者被撤销。在这种情况下，农民专业合作社作为经济主体已经失去了营业资格，不能继续开展经营活动，应当解散。

在上面的案例中，该草莓专业合作社在章程中规定了解散情形，虽然该情形尚未发生，但经过成员大会的讨论和表决，决定对本社进行解散。这种情况也属于农民专业合作社的法定解散事由，成员大会的决定是合法有效的。

依据

《中华人民共和国农民专业合作社法》第48条、第51条

39 什么是农民专业合作社联合社？

疑惑

封某是本村贝类养殖专业合作社的成员之一，同时在本社担任理事长的职务。合作社的成员虽然不是非常多，但是大家的养殖热情都很高，销路也很有保障，不少养殖户手里都有了存款。封某并不满足于现状，还想带领养殖户们走上更高的台阶。他打听到附近村也有2个农民专业合作社，主要经营范围都是海产品相关养殖。封某认为将3个合作社联合起来，共同设立一个海产品专业合作社联合社，肯定能够带来更大的利益。随后，3个合作社的成员大会都通过了设立海产品专业合作社联合社的表决，联合社正式设立。请问，究竟什么是农民专业合作社联合社？

解析

根据我国《农民专业合作社法》的规定，要成立农民专业合作社联合社，应当有3个以上的农民专业合作社进行出资。农民专业合作社联合社与农民专业合作社一样，都具有独立的法人资格和市场主体地位，有权依法进行登记并取得营业执照。

农民专业合作社联合社作为独立的法人，以其全部财产对外承担责任。但是，成员只需要以出资额为限对债务承担有限责任即可。在组织机构方面，农民专业合作社联合社也应当设立成员大会，但是不设成员代表大会，同时可以根据需要设立理事会、监事会或者执行监事等。在成员的表决权方面，实行一社一票制，每个成员享有一票表决权。如果成员想要退出农民专业合作社联合社，应当根据法定程序提交退社申请。

在组织和管理方面，农民专业合作社联合社与农民专业合作社高度相似，如果法律对农民专业合作社联合社的事项并未作出具体规定，可以参照适用农民专业合作社的相关规定。

依据

《中华人民共和国农民专业合作社法》第56～63条

40 国家对农民专业合作社的扶持措施有哪些？

疑惑

石头村是个贫困村，扶贫干部经过努力，带领大家走上了枸杞种植的道路，终于使石头村村民们的经济状况有了些起色。扶贫干部们认为，要想让石头村彻底摆脱贫困，设立一个农民专业合作社是一个直接有效的方式。于是，扶贫干部们挨家挨户上门对设立农民专业合作社进行宣传，想要说服大家加入农民专业合作社。但是不少人都有些犹豫，担心农民专业合作社搞不好。扶贫干部告诉种植户们，国家对农民专业合作社有许多扶持措施，会帮助农民将合作社更好地经营下去。请问，国家对农民专业合作社的扶持措施有哪些？

解析

根据我国《农民专业合作社法》中对国家对农民专业合作社的扶持措施所作出的相关规定，可以从以下几个方面进行归纳：

第一，对于那些国家支持发展的农业和农村经济的建设项目，可以委托和安排有条件的农民专业合作社实施。

第二，除中央和地方财政外，国家的政策性金融机构也会为农民专业合作社开展经营活动提供资金和技术的支持。同时，国家还鼓励商业性金融机构和保险机构为农民专业合作社提供相应的服务。

第三，在税收方面，农民专业合作社也享受着一系列的优惠措施。

第四，国务院还对农民专业合作社从事农产品初加工用电执行农业生产用电价格，以及农民专业合作社生产性配套辅助设施用地按农用地管理规定了优惠政策。

由此可见，国家从方方面面为农民专业合作社提供了保障与政策支持，帮助农民专业合作社开展生产经营活动。

在上面的案例中，扶贫干部鼓动大家加入农民专业合作社是有利于带动本地的经济发展的。如果在经营过程中缺少技术、设备、资金等，国家也会提供相应的政策支持，来帮助农民专业合作社渡过难关。

依据

《中华人民共和国农民专业合作社法》第64～68条

41 农民专业合作社成立以后，可以不开展经营活动吗？

疑惑

盛某从小好吃懒做，农田打理得三心二意，收益微薄。盛某听说隔壁村设立了农民专业合作社，国家对此扶持力度很大，还会向农民专业合作社发放补助资金。得知这个消息以后，盛某动起了歪脑筋。他纠集了几个当地的种植户，提议要设立一个红枣种植专业合作社，并提交了登记申请。红枣种植专业合作社设立以后，盛某提议不开展经营活动，凭借农民专业合作社的名头套取国家的扶助资金。其他设立人表示至少要做做样子，盛某却认为设立农民专业合作社是他们的自由，即使是国家也没有权力管他们经营与否。请问，农民专业合作社设立以后，可以不开展任何经营活动吗？

解析

农民专业合作社设立以后，设立人可以暂时不开展经营活动，但是有时间限制。根据我国《农民专业合作社法》第71条的规定，如果农民专业合作社连续2年未从事经营活动的，应当由行政部门吊销其营业执照。本条规定不仅包括从设立起从未从事经营活动满 2 年,也包括中途中断经营活动满 2 年。本条规定是为了保证国家的扶贫政策能够落实到位,避免有人借农民专业合作社套取国家的扶助资金。同时,根据本法第 48 条的规定,当营业执照被吊销以后,农民专业合作社就失去了经营的资格,应当进行解散,并且在营业执照被吊销之日起 15 日内由成员大会推举成员组成清算组,开始解散清算。

在上面的案例中,盛某等人应当按照章程中规定的经营范围开展经营活动,但是,他们妄图套取国家的扶助资金,不劳而获,这种行为与国家设立农民专业合作社制度的目的是相背离的。如果盛某等人连续 2 年不开展任何经营活动,该农民专业合作社将被吊销营业执照。

依据

《中华人民共和国农民专业合作社法》第 48 条、第 53 条、第 71 条

CHAPTER

3

第三章

用工管理

42 乡镇企业雇用村民工作的，需要签订书面劳动合同吗？

疑惑

鸿鑫纺织厂是一家以生产丝绸为主营业务的乡镇企业。为了降低用工成本，该厂招聘了一大批村民并与其口头约定：入职程序简化，无书面劳动合同，工资每个月20日按时足额发放。村民们表示没有异议。焦某作为全日制工于2021年2月10日入职该厂，工作了5个月之后，焦某正式向纺织厂提出了辞职申请，打算在7月正式离职，并以纺织厂没有与自己签订劳动合同为由索要双倍工资。纺织厂同意了焦某的辞职申请，但认为焦某入职前明确表示同意不签订劳动合同，无权以此为由索要双倍工资。请问，乡镇企业雇用村民工作的，需要签订书面劳动合同吗？

解析

乡镇企业因为选址和成本等因素，经常会大量雇用周边村民工作，此时，双方之间是否需要签订书面劳动合同不能一概而论，需要具体问题具体分析。根据我国《劳动合同法》第7条和第10条的规定,用人单位自用工之日起与劳动者建立劳动关系,应当同时自用工之日起1个月内订立书面劳动合同。这意味着全日制劳动者与企业建立劳动关系必须订立书面的劳动合同,不可以采用口头约定的形式。如果乡镇企业雇用的是非全日制劳动者,即我们通常所说的临时工、小时工,那么根据该法第69条的规定,双方之间可以采取口头的方式订立劳动合同。根据《劳动合同法实施条例》第6条的规定,用人单位未与劳动者订立书面劳动合同的,应当向劳动者每月支付二倍的工资,用人单位向劳动者支付二倍工资的起算时间为用工之日起满1个月的次日,截止日期为补订书面劳动合同的前一日。

在上面的案例中,焦某不属于非全日制工,纺织厂最晚应该在焦某入职满1个月时与焦某订立书面劳动合同,但纺织厂自始至终没有与焦某订立书面劳动合同,焦某请求纺织厂支付二倍工资的请求是可以得到支持的。按照法律及法规的规定,纺织厂应该支付焦某3月10日到7月10日的双倍工资。

依据

《中华人民共和国劳动合同法》第7条、第10条、第69条第1款

《中华人民共和国劳动合同法实施条例》第6条

43 乡镇企业应该给其所雇用的农民工缴纳社保吗？

疑惑

汤某来自河北的某个村庄，在北京某乡镇企业H公司做保洁员多年。2021年年底，年近50岁的汤某向领导递交了辞职申请。辞职后，朋友问他之前的单位是否为其缴纳过社保。汤某这才恍然大悟，觉得被H公司坑了。于是，汤某打算以H公司未为其办理社会保险手续，且不能补办导致其无法享受社会保险待遇为由，申请仲裁或起诉。请问，乡镇企业必须给其所雇用的农民工缴纳社保吗？

解析

虽然目前我国法律没有明确规定乡镇企业要给农民工购买社会保险，但是根据我国《社会保险法》第58条的规定，用人单位自用工之日起有为劳动者办理社会保险登记和缴纳社会保险费的义务，如果超过30日仍不缴纳社会保险费就属于违法。从这条规定可以看出，企业聘用劳动者，并没有区别户口性质是农业还是非农业，只要签订了劳动合同，产生事实劳动关系，排除已退休、灵活就业等不能或不必缴纳社保的情形，就应该缴纳社保。在上面的案例中，汤某所在的企业应该为汤某购买社会保险。

依据

《中华人民共和国社会保险法》第58条

44 拖欠农民工工资，要承担哪些“后果”？

疑惑

郑某高中毕业后来到某乡镇一家大型砖瓦厂做工人。后因厂子效益不好，出现了拖欠材料款和工人工资的情况。郑某本以为这只是暂时的难关，然而，过了一段时间，情况还是没有好转。到了发工资的日子，财务负责人告诉工人们，需要等2个月才能发放。郑某对泥瓦厂拖欠工人工资的事实不再默默忍受，选择了向当地的人力资源和社会保障局举报。请问，企业拖欠农民工工资，要承担哪些“后果”？

解析

企业拖欠农民工工资,可能承担以下后果:

第一,企业会被举报或者被起诉。根据《保障农民工工资支付条例》第 10 条的规定,被拖欠工资的农民工或者其他单位和个人,都可以向工作单位所在地的人力资源和社会保障局举报。被拖欠工资的农民工本人还有权申请调解仲裁和提起诉讼。

第二,用人单位、法定代表人或者主要负责人及相关直接责任人一般需要承担行政责任。根据《拖欠农民工工资失信联合惩戒对象名单管理暂行办法》第 5 条的规定,因拖欠农民工工资违法行为造成严重不良社会影响的,经人力资源和社会保障行政部门依法责令用人单位限期支付工资,逾期未支付的,人力资源和社会保障行政部门应当作出列入决定,将该用人单位及其法定代表人或者主要负责人列入拖欠农民工工资失信联合惩戒名单。当然,用人单位在行政部门作出决定前采取相应补救措施的,可以不予列入失信联合惩戒名单。

第三,用人单位享受优惠政策、长远发展可能会受到限制。根据国务院办公厅《关于全面治理拖欠农民工工资问题的意见》第 4 条的规定,对于拖欠工资的失信企业,将其列入"黑名单",定期向社会公开,而且此类拖欠工资的企业在政府资金支持、政府采购、招投标、生产许可等方面会被依法依规予以限制。

第四,承担刑事责任。如果企业有能力支付劳动者的劳动报酬,却拒不支付劳动者的劳动报酬,数额较大,经政府有关部门责令支付仍不支付的，就会违反《刑法》构成拒不支付劳动报酬罪。

在上面的案例中，从行政责任方面来看，如果该砖瓦厂因拖欠农民工资违法行为引发群体性事件，造成严重不良社会影响的，人力资源和社会保障部门会责令其限期支付工资，其逾期不支付的，将会被列入失信联合惩戒名单。

依据

《保障农民工工资支付条例》第10条

《拖欠农民工工资失信联合惩戒对象名单管理暂行办法》第5条、第7条

国务院办公厅《关于全面治理拖欠农民工工资问题的意见》第4条

《中华人民共和国刑法》第276条之一第1款

45 劳动合同中规定的有关工伤事故免责条款有效吗？

疑惑

小张为了结束跟女朋友的异地恋，毅然辞去了大城市的工作，来到女朋友老家的一家消防设备制造企业应聘。该消防设备制造企业是一家乡镇企业。小张成功入职该企业新成立的法务部工作，在翻看公司档案资料的过程中，其发现以往与劳动者签订的合同中都有这样一条规定："劳动者在工作中发生伤亡事故后果自负，公司不承担任何责任。"小张根据自己所学知识，认为此条规定无效且不符合法律规定，于是，小张立即向人事部门经理汇报，称公司应当立即调整劳动合同，并将此条款删除。人事部门经理很费解，此前一直都是这样规定的，难道不对吗？请问，劳动合同中规定的有关工伤事故免责条款，是否有效？

解析

劳动者在从事劳动生产的过程中，难免会受到人身伤害，需要花费大量的医疗护理费等，如果遭受残疾或者死亡，面临的工伤待遇赔偿等问题更为复杂，给企业用工带来一定的风险。现实中，有些企业为了减少经济支出，故意在签订劳动合同时加上一些免除自身责任的条款，如约定"发生工伤事故企业不承担责任"等。为了切实保障劳动者权益，国家通过法律明确了用人单位不得免除自己的法定责任，而劳动者的社会保险责任就是用人单位的法定责任之一，比如为劳动者缴纳工伤保险，申报工伤赔偿。那么，用人单位能否以劳动合同的形式免除自己的这一责任呢？对此，我国《劳动合同法》第 26 条规定了劳动合同无效的三种情形，其中劳动合同中用人单位免除自己的法定责任、排除劳动者权利的条款是无效的。《工伤保险条例》

第2条明确规定,用人单位应当为职工缴纳工伤保险,劳动者有权依法享受工伤保险待遇。由此可知,当发生工伤事故时,即便在企业与劳动者签订的劳动合同中存在相关免责条款,也不能因此免除自身责任。

在上面的案例中,小张发现消防设备制造企业原来与劳动者签订的合同中,有相关工伤事故免责条款。对于工伤事故承担相应的责任是用人单位应当承担的法定义务,此条款免除了用人单位自己的法定责任、排除了劳动者的相关权利,因此,该条款是无效的,应当及时更新劳动合同并删除有关条款。

需要注意的是,虽然劳动合同是用人单位与劳动者双方协商一致签订的,但是如果合同中存在违反法律、行政法规强制规定内容,该条款无效。

依据

《中华人民共和国劳动合同法》第26条

《工伤保险条例》第2条

46 女职工怀孕耽误工作进度，可以解雇吗？

疑惑

符某是某乡镇陶瓷厂的员工。2020 年 5 月，符某与陶瓷厂订立了书面劳动合同，约定合同期限自 2020 年 5 月 9 日至 2023 年 5 月 8 日止。入职后，陶瓷厂对符某进行了员工培训，给符某发放了公司规章手册，并且强调未请假擅自离岗 3 天以上的，视为严重违纪行为，公司有权解除劳动合同。2021 年 6 月，符某怀孕。2021 年 11 月，符某未向陶瓷厂请假，连续 2 天没去上班。陶瓷厂得知符某怀孕，并以符某怀孕耽误了工作进度为由书面通知符某，解除与符某的劳动合同关系。符某辩解到，自己虽然擅自离岗影响工作进度，但不属于公司规章制度中的“严重违纪行为”，而且自己现在怀有身孕，公司无权解除劳动合同。请问，女职工怀孕耽误工作进度，用人单位可以解雇吗？

解析

企业不得以怀孕耽误工作进度为由解雇女职工。根据我国《劳动合同法》第 40 条、第 41 条以及第 42 条的规定，即使企业提前 30 日以书面形式通知处在孕期、产期、哺乳期的劳动者本人或者额外支付该劳动者1个月工资,企业也不得以怀孕职工不能胜任工作,经过培训或者调整工作岗位后仍不能胜任工作为由将其解雇。此外,企业也不能以经营困难,重大技术革新或者经营方式调整为由裁减处在孕期、产期、哺乳期的女职工。

在上面的案例中,符某怀孕耽误了工作进度,陶瓷厂可以根据公司的规章制度给予相应的处罚,但是不得以符某怀孕耽误了工作进度为由将其解雇。当然,怀孕的符某也应该遵守公司的规章制度,若符某严重违反公司的规章制度,陶瓷厂有权解雇符某。

值得注意的是,虽然用人单位不得以妇女怀孕、生产、哺乳的原因擅自辞退,但是如果女性职工在此期间有严重违反用人单位规章制度的,则不受该条款的限制,用人单位仍有权与其解除劳动关系。

依据

《中华人民共和国劳动合同法》第39~42条

47 企业与劳动者解除劳动合同时，向其支付经济补偿的标准是什么？

疑惑

某肉制品加工企业是某乡镇的龙头企业，因产品种类多、质量好而远近闻名。老赵是该企业的员工，已经在企业工作了近5年，虽然工作勤勤恳恳，但是学习新技术的能力较差，无法适应企业各种生产及运营模式的变化。该肉制品加工企业为实现转型升级，对全体员工进行了集体培训。培训后，老赵调整到了新的工作岗位，一段时间后，他发现无法胜任新岗位，便想让人事部经理再次为其调整岗位。但是，目前该企业已经没有适合老赵的工作岗位了，无奈只能将其解聘。公司会计小王负责为老赵清算补偿金。请问，该肉制品加工企业应当向老赵支付多少补偿金？补偿金发放标准是什么？

解析

为了切实保障劳动者的合法权益，法律对用人单位的用工权进行了一些限制，避免用人单位随意解聘劳动者。而在一定情况下，企业如果必须与劳动者解除劳动合同的，则需要向劳动者支付一定数额的工资作为补偿。根据我国《劳动合同法》第40条规定，劳动者经过培训或调整岗位仍不能胜任工作岗位的，用人单位可以与其解除劳动合同。但是，根据该法第46条的规定，用人单位因此辞退劳动者的，应当向劳动者支付经济补偿。由此可知，在劳动者不能胜任工作的情况下，企业可以与之解除劳动合同，案例中肉制品加工企业的做法是合法的，但应该向其支付相应的经济补偿金。该法第46条具体规定了经济补偿的计算办法，即应当按劳动者在本单位工作的年限，每满1年支付1个月工资。6个月以上不满1年的，按1年计算；不满6个月的，向劳动者支付半个月工资。

在上面的案例中，老赵经过培训和调整岗位后，仍不能胜任工作，这种情况下，企业与之解除劳动合同时，应当向其支付经济补偿金。老赵已经在该企业工作了近5年，按照法律规定，企业应当向他支付5个月的工资作为补偿。

此外，需要注意的是，用人单位提前解除劳动合同时，需要提前30天以书面形式告知劳动者本人，也可以多支付劳动者1个月的工资后解除劳动合同。

依据

《中华人民共和国劳动合同法》第40条、第46～47条

48 员工因公司调岗降薪拒绝上班，公司能否解除劳动合同？

疑惑

小罗与某公司签订了劳动合同，约定每月工资为5000元。工作一段时间后，该公司突然以小罗不具备相应的工作能力为由，直接将小罗调为前台人员，工资也随之下调到每月3500元。小罗对该公司的调岗决定不服，便以拒绝上班的方式进行抗议。该公司的规章制度中明确规定，员工旷工累计满1个月的，公司有权与旷工员工解除劳动合同。小罗旷工期间，公司多次向小罗发出消息，要求小罗复工，但均被小罗无视。1个月后，该公司解除了与小罗的劳动合同。请问，该公司解除劳动合同的行为是否合法？

解析

根据我国《劳动合同法》第39条第2项和《劳动法》第25条第2项的规定，当员工严重违反用人单位的规章制度时，用人单位是有权单方面解除劳动合同的。在本条规定中，用人单位解除劳动合同的行为属于对员工的过失性辞退。也就是说，当员工存在法律所规定的过错情形时,用人单位有权辞退员工,且无须对员工进行经济补偿。

在上面的案例中,小罗与公司签订劳动合同后,因不满调岗降薪而拒绝上班,累计旷工超过1个月。小罗的行为已经严重违反了该公司的规章制度,在小罗旷工以后,该公司也积极联系小罗继续上班。由此可见,该公司解除与小罗的劳动合同的行为是合法的。

但是,这并不表明该公司所有的行为都是正确的。根据我国《劳动合同法》第29条和第35条的规定,用人单位应当按照劳动合同的约定履行义务,如果要变更劳动合同,需要与劳动者协商一致。上面案例中的公司在对小罗作出调岗降薪的决定时,并没有与小罗进行协商,该行为侵犯了小罗作为劳动者的权利。对此,小罗可以根据《劳动法》第77条与第79条的规定,通过申请调解或仲裁的方式,维护自己的合法权利。但是,小罗采取了错误的方式,使自己变成了无理的一方。

依据

《中华人民共和国劳动合同法》第29条、第35条、第39条

《中华人民共和国劳动法》第25条、第77条、第79条

49 中午喝酒喝多了，下午工作时不慎摔伤的，算工伤吗？

疑惑

金某是某乡镇建筑公司的员工。一天中午，金某参加侄女的婚礼，喝了很多酒。下午回到公司，金某发现脚手架有一些松动，向领导提议更换被拒绝，后金某不小心从晃动的脚手架上摔了下来，造成肋骨骨折。经鉴定，金某血液中乙醇含量为110mg/100mL，摔伤时属于醉酒状态。出院后，金某要求公司为自己申报工伤保险待遇，结果当地人力资源和社会保障局以金某受到的伤害属于“醉酒或者吸毒的”不得认定为工伤的情形，并出具了《不予认定工伤决定书》。金某认为，自己摔伤与醉酒没有因果关系，是因为公司没有做好安全保障措施。请问，中午喝酒喝多了，下午工作时不慎摔伤的，算工伤吗？

解析

根据我国《社会保险法》第37条的规定，因醉酒或吸毒导致劳动者在工作中伤亡的，不认定为工伤。而根据《工伤保险条例》第16条的规定,职工符合本条例第14条、第15条的规定,但是有下列情形之一的,不得认定为工伤或者视同工伤:……醉酒或者吸毒的。可见,《社会保险法》和《工伤保险条例》在规定醉酒或吸毒能否认定为工伤这一问题上存在冲突:《社会保险法》强调了醉酒或吸毒与伤亡事故之间的因果关系,而不是一律将醉酒或吸毒排除在工伤认定的范围之外。也就是说,职工因醉酒或吸毒导致神志不清、行为失控,进而引发职工伤亡事故的,不得认定为工伤;反之,职工醉酒或吸毒与职工的伤亡事故之间不存在因果关系的,应当认定为工伤。而《工伤保险条例》一律将醉酒或者吸毒排除在工伤认定的范围之外,即只要是发生工伤时有醉酒或者吸毒的情形,均不得认定为工伤。根据我国《立法法》第88条第1款的规定,法律的效力高于行政法规、地方法规、规章。《社会保险法》属于法律,效力高于《工伤保险条例》,应当优先适用。

在上面的案例中,金某虽然处在醉酒状态,但金某摔伤与醉酒之间不存在因果关系,金某摔伤的原因在于脚手架松动,建筑公司的安全保障措施不到位,应该适用《社会保险法》第37条,对金某所受的伤害认定为工伤。当然,如果脚手架没有问题,金某的情况就不能认定为工伤了。

依据

《中华人民共和国社会保险法》第37条

《工伤保险条例》第14条、第16条

50 上班期间与同事打架而受伤的，算工伤吗？

疑惑

包某和谷某均为某乡镇建筑工程公司的员工，二人因经历相似关系一直非常要好。2020 年 10 月，谷某开始沉迷于网络赌博。刚开始谷某还能赢一些钱，可后来，谷某几乎输光了自己所有的积蓄。为了继续赌钱，谷某欺骗包某说自己的母亲病了，急需 5 万元住院费，包某慷慨解囊。2021 年 3 月 18 日，包某得知真相后双方发生了激烈的言语及肢体冲突，包某趁谷某不注意拿了一块砖头击打正在砌墙的谷某，谷某也拿起砖头反击，双方身体均受到不同程度的损伤。请问，上班期间与同事打架而受伤的，算工伤吗？

解析

上班期间与同事打架受伤的，不能被认定为工伤。根据《工伤保险条例》第 14 条的规定，在工作时间和工作场所内，因工作原因受到事故伤害的，或者因履行工作职责受到暴力等意外伤害的，应当认定为工伤。也就是说,为了履行工作职责,完成工作任务,在工作时间和工作场所内受到伤害的,才能认定为工伤。因为其他原因,如个人恩怨,即使是在工作时间和工作场所内受到的伤害,也不能认定为工伤。

在上面的案例中,包某和谷某打架,导致二人均受伤,虽然伤害事故发生在工作时间和工作场所内,在时间和空间上都符合认定工伤的条件,但谷某是因为与包某的私人恩怨而受伤,不是因为工作原因受到伤害,也不是因为履行工作职责受到伤害。因此,二人都不符合认定工伤的条件。

需要注意的是,工伤保险待遇所保护的是因工作原因而受到伤害的劳动者,因此,工作时间、工作场所和工作原因三要素缺一不可。实践中认定工伤时,必须综合上述因素,并结合法律规定进行整体考量。

依据

《工伤保险条例》第 14 条

51 因家属放弃抢救，员工48小时内死亡，还能算工伤吗？

疑惑

韩某系某企业员工。2021年2月7日17点35分左右，韩某在上班时间突然晕倒在工作岗位上，随后被送往就近的医院就诊。经过诊断，医院确诊韩某具有脑干出血、高血压3级等很高危的病情，治疗期间韩某的病情不见好转反而继续加重。2021年2月7日、8日，医院两次下达《病危通知书》。2021年2月9日15时左右，韩某家属要求立即拔除气插导管，拒绝呼吸机辅助通气治疗。医院反复告知韩某家属拒绝治疗的风险，但韩某家属依然坚持放弃治疗，并签字要求拔除气插导管。15时30分，韩某被拔除气插导管。16时，韩某被宣布临床死亡。请问，因家属放弃抢救，员工48小时内死亡，还能算工伤吗？

解析

因家属放弃抢救，员工48小时内死亡，不属于工伤。根据我国《工伤保险条例》第15条的规定，在工作时间和工作岗位，突发疾病死亡或者在48小时之内经抢救无效死亡的，视为工伤。从上面的规定可以看出，要认定工伤必须是在工作时间和工作岗位上突发疾病死亡；或者突发疾病之后，积极配合医院的治疗，穷尽所有治疗手段，不存在放弃治疗的情形才能被认定为工伤。

在上面的案例中，韩某虽然是在工作时间突发疾病晕倒在了工作岗位上，随即送往医院抢救并在48小时内死亡。但是在抢救的过程中，韩某家属不听从医院的建议，执意要求放弃治疗，导致韩某在放弃治疗后的30分钟后死亡，因此韩某的死亡不完全符合《工伤保险条例》中规定的“抢救无效死亡”情形，所以韩某的死亡不予认定为工伤。

依据

《工伤保险条例》第15条

CHAPTER

4

第四章

产品生产与销售

52 哪些单位应当建立农产品生产记录，并如实记载哪些事项？

疑惑

老邵是一名农民，靠种植果树为生。在村干部的倡导下，老邵与同村其他5名种植户一起设立了一个蔬果专业合作社，并被推选为理事长。蔬果专业合作社设立以后，大家相互帮助，所生产出来的蔬果被大量收购，投入罐头等加工食品的制作。在蔬果的种植生产过程中，老邵与其他成员按照规定建立起了农产品生产记录。但是，相关部门对蔬果专业合作社进行检查时，却告知老邵他们的农产品生产记录内容不规范，有许多应当记载的内容并未体现出来。请问，农产品生产记录中都应当如实记载哪些事项？又有哪些单位应当建立农产品生产记录？

解析

农产品生产记录可以督促生产者提高生产过程中的安全意识和规范意识，有利于管控农产品生产过程中的用药安全。如果出现安全问题，农产品生产记录也有助于追根溯源，尽快找到解决问题的关键。我国《农产品质量安全法》第 27 条规定了应当建立农产品生产记录的主体以及应当记载的内容。农产品生产企业、农民专业合作社、农业社会化服务组织应当建立农产品生产记录，除上述 3 种主体外，国家也鼓励其他农产品生产者建立农产品生产记录。

农产品生产记录中记载的内容应当属实，主要包括下列事项：第一，使用农业投入品的名称、来源、用法、用量和使用、停用的日期；第二，动物疫病、植物病虫草害的发生和防治情况；第三，收获、屠宰或者捕捞的日期。上面所提到的三项内容是必须记载在农产品生产记录中的，如果还有其他事项需要记载，可以由单位自行斟酌。如果农产品生产企业、农民专业合作社、农业社会化服务组织存在未建立、未按照规定保存、伪造农产品生产记录的，应当由相关部门督促其改正，并依情况对其进行罚款。

在上面的案例中，该蔬果专业合作社在建立农产品生产记录以后，应当按照法律的规定自行核对所记载的内容是否规范，并应当保证内容的真实性。农产品生产记录建立以后，至少应当保存 2 年。

依据

《中华人民共和国农产品质量安全法》第 27 条、第 69 条

53 企业对自己生产的农产品有义务进行质量安全检测吗？

疑惑

某农副产品生产企业是一家刚刚成立不久的小型企业，主要经营内容是收购农产品并对农产品进行加工，再售往各个零售商。在产品的生产加工过程中，该农副产品生产企业为了节省成本，并未在本企业内设立质量检测部门，也没有委托其他检测机构对产品质量进行检测。该农副产品生产企业的产品投入市场以后，多名消费者因食用该产品导致肠胃炎。经相关部门检测以后，发现该农副产品生产企业所生产的产品存在大量不合格现象。请问，企业对自己生产的农产品是否有义务进行质量安全检测？

解析

根据我国《农产品质量安全法》第34条的规定，农产品生产企业和农民专业合作社有义务通过自行检测或者委托检测机构检测的方式，确保农产品的质量安全。农产品安全问题不容忽视，在生产过程中对农产品安全进行把控有利于保障消费者的利益。在委托检测机构对农产品进行检测时，应当确保检测机构具备相应的检测条件和能力。除农产品的生产方外，销售方也负有检测农产品质量安全状况的义务。要确保农产品从生产到进入市场的全过程中质量都是安全合格的，如果有不符合质量安全标准的农产品，不得进行销售。

在上面的案例中，该农副产品生产企业为了节省成本，并未按照规定对产品进行检测，其行为违反了法律的规定，应当承担相应的法律责任。从案例中可以看出，该农副产品生产企业的产品已经对消费者的健康造成了损害，消费者有权要求其承担赔偿责任。

依据

《中华人民共和国农产品质量安全法》第34条、第37条、第48~51条

54 农产品在包装和标识上应该注意哪些问题？

疑惑

某食品公司生产了一款速食脱水蔬菜。该款产品使用纯天然的高品质蔬菜脱水而成，为了延长保质期和新鲜度，该食品公司在生产过程中添加了一些保鲜剂。在制作产品包装时，该食品公司认为如果将保鲜剂写进配料表中，会影响消费者对蔬菜品质的判断，影响产品的销售量。于是，该食品公司仅在配料表中写了“新鲜蔬菜”这一种原材料。后来经相关部门查证，发现了该食品公司在产品中添加保鲜剂的事实。请问，该食品公司的行为是否违法？农产品在包装和标识上应该注意哪些问题？

解析

根据我国《农产品质量安全法》的规定，不同种类的农产品在包装上应当附加的标识也有所不同。一般来说，农产品的包装或者标识上应当按照本法第 38 条的规定，标明产品的品名、产地、生产者、生产日期、保质期、产品质量等级等内容。使用添加剂的，还应当按照规定标明添加剂的名称。如果农产品属于农业转基因生物或依法需要检疫的动植物及其产品，则应当按照本法第 43 条和第 44 条的规定，另行额外标识。除此之外，农产品的生产者还可以依法申请无公害农产品标志或者相应的优质农产品标志。需要注意的是，质量标志不可冒用，如果生产者冒用质量标志，应当按照本法第 74 条的规定，对生产者进行处罚。

在上面的案例中，该食品公司在脱水蔬菜中添加了保鲜剂，依据法律的规定，应当将其使用的具体保鲜剂在产品包装上进行标识。对于该食品公司的违法行为，应当根据《农产品质量安全法》第 72 条的规定，要求该食品公司进行整改。

依据

《中华人民共和国农产品质量安全法》第38条、第42~44条、第72条、第74条

55 哪些农产品不得销售？

疑惑

某生鲜农品贸易合作社长期从某鱼塘进货，由该鱼塘向其提供多种淡水鱼。在销售过程中，该贸易合作社发现该鱼塘在养鱼过程中，为了使鱼的成长速度更快、出肉率更高，在鱼的饲料中添加了国家禁止使用的添加剂。该贸易合作社得知此事后，终止了与该鱼塘的供货合同，但并未销毁尚未售完的淡水鱼。不久以后，该鱼塘因违规使用化学添加剂被责令整改，该贸易合作社作为曾经的销售点也被相关部门责令整改。请问，该贸易合作社继续销售未售完淡水鱼的行为是否合法？根据法律的规定，都有哪些农产品不得进行销售？

解析

根据我国《农产品质量安全法》第36条的规定，不得进行销售的农产品有以下几种：第一，含有国家禁止使用的农药、兽药或者其他化合物；第二，农药、兽药等化学物质残留或者含有的重金属等有毒有害物质不符合农产品质量安全标准；第三，含有的致病性寄生虫、微生物或者生物毒素不符合农产品质量安全标准；第四，未按照国家有关强制性标准以及其他农产品质量安全规定使用保鲜剂、添加剂、包装材料等，或者使用的保鲜剂、防腐剂、添加剂、包装材料等不符合国家有关强制性的技术规范；第五，病死、毒死或者死因不明的动物及其产品；第六，其他不符合农产品质量安全标准的情形。只要具有以上任意情形的农产品，无论是农产品生产企业、农民专业合作经济组织、农产品销售企业还是农产品批发市场都不得进行销售。如果上述单位违规销售禁止销售的农产品的，应当按照《农产品质量安全法》第70～72条的规定，对其进行处罚。

在上面的案例中，该鱼塘在养鱼过程中在饲料里添加国家禁止添加的化学物质，食用此种饲料长大的鱼体内很可能含有害物质，不宜食用，也不应作为商品销售。该鱼塘与该贸易合作社都违反了法律的规定，应当对其进行处罚。如果消费者因食用该贸易合作社销售的淡水鱼造成损害的，该贸易合作社以及鱼塘也应当按照《农产品质量安全法》第79条的规定，对消费者承担赔偿责任。

依据

《中华人民共和国农产品质量安全法》第36条、第70~72条、第79条

56 申请使用绿色食品标志的产品，应具备怎样的条件？提交哪些材料？

疑惑

某乳业公司所生产的乳制品全部来自自家的牧场。该乳业公司的牧场环境优美，饲养奶牛也采用科学饲养方法，投放的饲料以及所使用的兽药全都严格遵循国家绿色标准。在生产奶制品的过程中，该乳业公司对奶制品的质量严格把关，落实检测机制，保证所生产出来的奶制品符合国家绿色食品标准。现在，该乳业公司想要在其生产的奶制品包装上申请使用绿色食品标志。请问，具备什么样的条件才能申请使用绿色食品标志？在申请绿色食品标志时，又应当提交哪些材料？

解析

我国《绿色食品标志管理办法》对申请使用绿色食品标志的产品和生产单位都规定了相应的条件。根据本法第 9 条的规定，产品要申请使用绿色产品标志，除应当符合《食品安全法》和《农产品质量安全法》外，还应当具备下列条件：(1)产品或产品原料产地环境符合绿色食品产地环境质量标准；(2)农药、肥料、饲料、兽药等投入品使用符合绿色食品投入品使用准则；(3)产品质量符合绿色食品产品质量标准；(4)包装贮运符合绿色食品包装贮运标准。而申请使用绿色食品标志的生产单位也应当按照本法第 10 条的规定，具备以下条件：(1)能够独立承担民事责任；(2)具有绿色食品生产的环境条件和生产技术；(3)具有完善的质量管理和质量保证体系；(4)具有与生产规模相适应的生产技术人员和质量控制人员；(5)具有稳定的生产基地；(6)申请前 3 年内无质量安全事故和不良诚信记录。只有产品和生产单位都同时具备以上条件，才能申请使用绿色食品标志。

申请人申请使用绿色食品标志时，应当向省级工作机构提出申请，并按照《绿色食品标志管理办法》第 11 条的规定提交以下材料：(1)标志使用申请书；(2)产品生产技术规程和质量控制规范；(3)预包装产品包装标签或其设计样张；(4)中国绿色食品发展中心规定提交的其他证明材料。收到申请以后，省级工作机构应当依据本法第 12 条的规定，在法定时限内对申请人进行材料审查和现场检查，并判定结果是否合格。

在上面的案例中,该乳业公司想要在其生产的奶制品包装上申请绿色食品标志,可以依据法律的规定先自行判断其是否符合申请条件,再准备好申请材料向相关机构提出申请。

依据

《绿色食品标志管理办法》第9~12条

57 绿色食品标志使用证书到期后,还能继续使用吗?

疑惑

某茶业公司拥有自己的茶园,所生产的茶叶都是从自己的茶园中新鲜采摘,天然无公害。其中,该茶业公司所生产的铁观音茶更是品质优良,极受消费者喜爱。该茶业公司向本地的绿色食品工作机构提出申请,为其生产的铁观音茶申请绿色食品标志。绿色食品工作机构经过审查和对该茶业公司的实地检测后,认为该茶业公司生产的铁观音茶符合绿色食品标准,通过了该茶业公司的申请,并向其颁发了绿色食品标志使用证书。取得绿色食品标志使用证书以后，该茶业公司在铁观音茶的外包装以及广告宣传中都使用了绿色标志。3 年以后，该茶业公司的绿色食品标志使用证书到期。请问，在这种情况下，该茶业公司还能继续使用绿色食品标志吗？

解析

根据我国《绿色食品标志管理办法》第 18 条的规定，绿色食品标志使用证书的有效期为 3 年。也就是说，当标志使用人取得绿色食品标志使用证书以后，有权使用绿色食品标志的期限为 3 年，3 年有效期结束后，如果该标志使用人并未向省级绿色食品工作机构提出续展申请的，不能继续使用绿色食品标志。

如果标志使用人想要继续使用绿色食品标志，就应当在绿色食品标志使用证书有效期满 3 个月前向省级绿色食品工作机构提出续展申请。省级绿色食品工作机构对续展申请进行审查以后，判断该标志使用人的产品是否仍然符合绿色食品的标准，并作出是否准予续展的规定。如果标志使用人未能在规定期限内申请续展或者申请续展没有通过的，就不能再继续使用绿色食品标志。

在上面的案例中，该茶业公司为本公司生产的铁观音茶申请了绿色食品标志，并取得了绿色食品标志使用证书。如果该茶业公司在绿色食品标志使用证书到期以后仍需要继续使用绿色食品标志，就应当在法律规定的期限内向当地的省级绿色食品工作机构提出续展申请。

依据

《绿色食品标志管理办法》第18条

58 获得绿色食品标志使用证书后，有哪些权利和义务？

疑惑

某肉制品公司所生产的香肠是该公司的招牌产品，不仅口味独具一格，原材料所采用的猪肉、牛肉等也是由严格按照国家绿色标准饲喂的牲畜提供的。在香肠的加工和生产过程中，该肉制品公司进行了严格把关，保证生产过程中的安全无污染。为了能够提高本公司所生产的产品在市场上的竞争力，该肉制品公司决定为本公司的香肠申请绿色食品标志。于是，该肉制品公司向本地的绿色食品工作机构提出了申请，并获得了绿色食品标志使用证书。请问，该肉制品公司取得绿色食品标志使用证书以后，在证书的有效期内，可以享有哪些权利，又应当履行哪些义务？

解析

绿色食品使用证书代表着标志使用人所生产的食品质量得到了国家的肯定,不仅能给标志使用人带来利益,也能让消费者的食品安全问题得到保证。取得绿色食品使用证书以后,在证书的 3 年有效期内,标志使用人也按照法律的规定享有权利,履行义务。根据我国《绿色食品标志管理办法》第 19 条的规定,标志使用人在证书有效期内享有下列权利:第一,在获证产品及其包装、标签、说明书上使用绿色食品标志;第二,在获证产品的广告宣传、展览展销等市场营销活动中使用绿色食品标志;第三,在农产品生产基地建设、农业标准化生产、产业化经营、农产品市场营销等方面优先享受相关扶持政策。同时,本法第 20 条也为标志使用人规定了下列义务:第一,严格执行绿色食品标准,保持绿色食品产地环境和产品质量稳定可靠;第二,遵守标志使用合同及相关规定,规范使用绿色食品标志;第三,积极配合县级以上人民政府农业行政主管部门的监督检查及其所属绿色食品工作机构的跟踪检查。如果标志使用人不按照规定履行义务的,很可能会面临行政处罚,甚至连绿色食品标志使用证书也会被收回。

在上面的案例中,该肉制品公司为本公司生产的香肠申请了绿色食品标志,并取得了绿色食品标志使用证书。取得证书后,该肉制品公司应当严格履行义务,依法行使权利,不得怠于履行义务,也不得超出法律允许的范围行使其权利。

依据

《绿色食品标志管理办法》第19～20条

59 在哪些情况下，会被收回绿色食品标志使用证书？

疑惑

某面粉公司为了向消费者展示本公司生产的面粉安全无公害，决定为旗下的面粉申请绿色食品标志。为了能够成功取得绿色食品标志使用证书，该面粉公司在生产过程中坚持执行国家绿色标准，严格把控产品质量，终于成功取得了绿色食品标志使用证书，并将绿色食品标志用于本公司生产的面粉上。取得绿色食品标志使用证书以后，该面粉公司自认为万事大吉，对生产过程中的产品把控也逐渐懈怠。在一次年度检查中，负责检查的机构认为该面粉公司的生产环境以及产品质量不再符合绿色食品质量标准，判定其检查结果不合格。随后，该面粉公司的绿色食品标志使用证书被收回。请问，当发生哪些情形时，绿色食品标志使用证书会被收回？

解析

当标志使用人取得绿色食品标志使用证书以后,有义务严格执行绿色食品标准,保持绿色食品产地环境和产品质量稳定可靠。根据我国《绿色食品标志管理办法》第22条第2款的规定,当产品不再符合绿色食品标准的,标志使用人应当主动停止使用绿色食品标志,并及时向中国绿色食品发展中心报告。

同时,本法第26条规定了以下六种绿色食品标志使用证书被收回的情形:(1)生产环境不符合绿色食品环境质量标准的;(2)产品质量不符合绿色食品产品质量标准的;(3)年度检查不合格的;(4)未遵守标志使用合同约定的;(5)违反规定使用标志和证书的;(6)以欺骗、贿赂等不正当手段取得标志使用权的。标志使用人具有上面任意一种情形时,绿色食品标志使用证书都会被中国绿色食品发展中心收回,失去绿色食品标志的使用权。如果标志使用人因上面的情形导致证书被收回的,也需要承担3年内申请不被受理的法律后果。

在上面的案例中,该面粉公司取得绿色食品标志使用证书以后,并没有继续严格执行绿色食品标准,也没有按照规定主动将产品情况上报,导致年度检查不合格,绿色食品标志使用证书被收回。该面粉公司也应当以此为戒,努力整改生产环境,保障产品质量,3年后重新提起绿色食品标志申请。

依据

《绿色食品标志管理办法》第22条第2款、第26条

60 给农产品申请地理标志登记应该具备哪些条件？

疑惑

某葡萄种植农民专业合作社地处新疆，利用当地独特的地理环境优势，该葡萄种植专业合作社所种植的葡萄既饱满又甘甜，尤其是其种植的16号葡萄品种品质优良。该葡萄种植专业合作社的成员经过讨论，认为如果能够给其生产的16号葡萄品种申请地理标志登记，肯定能够打开销路，提高销量，带来更多的经济利益。于是，该葡萄种植专业合作社决定申请地理标志登记。请问，想要申请地理标志登记，应当具备哪些条件，又应当提交哪些手续？

解析

根据我国《农产品地理标志管理办法》的规定，无论是申请地理

标志登记的农产品还是申请人，都应当具备一定的条件。本法第7条规定，申请地理标志登记的农产品应当符合下列条件：(1)称谓由地理区域名称和农产品通用名称构成；(2)产品有独特的品质特性或者特定的生产方式；(3)产品品质和特色主要取决于独特的自然生态环境和人文历史因素；(4)产品有限定的生产区域范围；(5)产地环境、产品质量符合国家强制性技术规范要求。除此之外，本法第8条还规定了对申请人的要求。申请人除了应当是县级以上地方人民政府根据下列条件择优确定的农民专业合作经济组织、行业协会等组织以外，还应当符合下列条件：(1)具有监督和管理农产品地理标志及其产品的能力；(2)具有为地理标志农产品生产、加工、营销提供指导服务的能力；(3)具有独立承担民事责任的能力。只有当农产品和申请人都符合法律所规定的条件时，才能够申请地理标志登记。

当申请地理标志登记时，申请人应当按照本法规定，向省级人民政府农业行政主管部门提交下列申请材料：(1)登记申请书；(2)产品典型特征特性描述和相应产品品质鉴定报告；(3)产地环境条件、生产技术规范和产品质量安全技术规范；(4)地域范围确定性文件和生产地域分布图；(5)产品实物样品或者样品图片；(6)其他必要的说明性或者证明性材料。

在上面的案例中，该葡萄种植专业合作社可以按照法律规定提交申请材料，向新疆维吾尔自治区人民政府农业行政主管部门提出登记申请。

依据

《农产品地理标志管理办法》第 7～9 条

61 哪些人可以申请使用农产品地理标志？获得后有哪些权利义务？

疑惑

某肉制品公司位于P市，其生产的主要产品为利用P市当地繁育的走地鸡加工制成的鸡肉制品。P市四周环山，地理位置特殊，当地在繁育走地鸡时利用了地理优势，使走地鸡的肉质格外鲜美劲道。于是，P市肉类行业协会特意为该种走地鸡申请了地理标志登记。该肉制品公司最新推出一款烟熏鸡肉肠，原材料使用的正是当地盛产的走地鸡肉。现在，该肉制品公司想要为该款鸡肉肠申请地理标志使用权。请问，哪些人可以申请使用农产品地理标志？获得后有哪些权利义务？

解析

根据我国《农产品地理标志管理办法》第15条的规定，符合下列条件的单位和个人，可以向登记证书持有人申请使用农产品地理标志：(1)生产经营的农产品产自登记确定的地域范围；(2)已取得登记农产品相关的生产经营资质；(3)能够严格按照规定的质量技术规范组织开展生产经营活动；(4)具有地理标志农产品市场开发经营能力。除要符合以上对使用农产品地理标志的主体条件外，要使用农产品地理标志还需要按照生产经营年度与登记证书持有人签订农产品地理标志使用协议，并且在协议中载明使用的数量、范围及相关的责任义务。

当取得农产品地理标志使用权后，使用人自然享有根据本法第16条所规定的两项权利：(1)可以在产品及其包装上使用农产品地理标志；(2)可以使用登记的农产品地理标志进行宣传和参加展览、展示及展销。需要注意的是，使用人在行使权利时，不得超出法律规定与使用协议约定的范围。除此之外，农产品地理标志使用权人还应当根据本法第17条的规定承担一系列义务：(1)自觉接受登记证书持有人的监督检查；(2)保证地理标志农产品的品质和信誉；(3)正确规范地使用农产品地理标志。如果不履行法定义务，使用人也将承担相应的法律责任。

在上面的案例中，该肉制品公司如果符合条件，应当向持有地理标志登记证书的肉类行业协会提出申请，以取得农产品地理标志使用权。

取得使用权后，该肉制品公司也应当按照法律规定履行相应的义务。

依据

《农产品地理标志管理办法》第15～17条

62 生产转基因的产品应当具备哪些条件？

疑惑

某食用油公司成立时间较短，规模也比较小，旗下产品种类很少，在市场上的竞争力很有限。该食用油公司认为，如果想要在当前这种情况下打开市场，就要降低成本，实现薄利多销。该食用油公司觉得如果利用转基因食材进行加工，可以有效降低成本。于是，该食用油公司决定购进一批转基因大豆，利用转基因大豆尝试生产转基因大豆油先投入市场，并观望销售情况。请问，要生产转基因产品应当具备哪些条件？

解析

首先，要在我国境内从事农业转基因生物加工，必须取得相应的主体资格。根据《农业转基因生物加工审批办法》第3条的规定，从事农业转基因生物加工的单位和个人，应当取得加工所在地省级人民政府农业行政主管部门颁发的《农业转基因生物加工许可证》。该许可证的申请机关为省级人民政府农业行政主管部门，并且在申请时按照本法第5条的规定提交下列材料：(1)农业转基因生物加工许可证申请表；(2)农业转基因生物加工安全管理制度文本；(3)农业转基因生物安全管理小组人员名单和专业知识、学历证明；(4)农业转基因生物安全法规和加工安全知识培训记录；(5)农业转基因生物产品标识样本。

取得《农业转基因生物加工许可证》后，单位或个人才有资格从事农业转基因生物加工。但主体资格并不是唯一的限制条件，要从事农业转基因生物加工，还应当符合本法第4条所规定的下列条件：(1)与加工农业转基因生物相适应的专用生产线和封闭式仓储设施。(2)加工废弃物及灭活处理的设备和设施。(3)农业转基因生物与非转基因生物原料加工转换污染处理控制措施。(4)完善的农业转基因生物加工安全管理制度。本项规定还应包括以下四个小点：第一，原料采购、运输、贮藏、加工、销售管理档案；第二，岗位责任制度；第三，农业转基因生物扩散等突发事件应急预案；第四，农业转基因生物安全管理小组，具备农业转基因生物安全知识的管理人员、技术人员。只有在同时符合主体条件以及以上限制条件的情况下，才能从事农业转基因生物加工。

在上面的案例中，该食用油公司要生产转基因大豆油，首先要取得《农业转基因生物加工许可证》。其次该食用油公司也应当确保其符合法律所规定的限制要件，才能够开展转基因食用油的生产工作。

依据

《农业转基因生物加工审批办法》第3～5条

63 广告中说某食品有治疗疾病的功效，合法吗？

疑惑

某乡镇饮料厂生产了一款饮料，并通过发传单的形式大肆宣传该饮料具有降血压、降血脂等功效，希望借此提高商品吸引力，进而增加销量。邻村的蒋奶奶正准备去药店买降压药，看见这样的宣传，毫不犹豫地买了两大箱。之后，蒋奶奶每天像喝药一样定时定量地喝饮料，一个星期过去了，蒋奶奶的血压没有任何下降的迹象。好在家人及时发现，督促蒋奶奶及时服用降压药，这才控制住了蒋奶奶的血压。请问，广告中说某食品有治疗疾病的功效，合法吗？

解析

广告中说某食品有治疗疾病的功效是不符合《广告法》的规定的。根据我国《广告法》第 17 条的规定，只有医疗、药品、医疗器械广告，才可以涉及疾病的治疗功能，禁止其他广告，如食品广告，涉及疾病的治疗功能。此外，根据《广告法》第 18 条的规定，保健食品不得涉及疾病的预防或者治疗功能。如果广告主违反上述规定，由当地市场监督管理局责令广告主停止发布广告，在相应的范围内消除影响，根据情节的严重程度对广告主处以不同数额的罚款，情节严重的还可以吊销营业执照。这是对广告主虚假宣传的惩罚，并不以消费者的健康受到损害为前提。

在上面的案例中，该饮料厂宣传其饮料具有降血压、降血脂等功效，违反了《广告法》第 17 条和第 18 条第 1 款第 2 项的规定内容，应当停止发布违法广告，在该区域内消除影响，依法缴纳相应的罚款。

此外，需要注意的是，消费者也应该提高自身的辨别能力，不可轻易相信食品可以治疗疾病的广告宣传。生病了应该寻求专业医生的帮助，以免延误自己的病情。

依据

《中华人民共和国广告法》第 17～18 条、第 58 条

64 可以给自己的农产品打广告说是“天下第一”吗？

疑惑

小琪来自中国石榴之乡四川凉山会理县，其父母也在家乡经营了一片石榴果园。10月，小琪家果园的石榴成熟了，他便在自己的朋友圈发广告称“会理石榴个大皮薄、色泽艳丽、粒大多汁、味甜可口，天下第一”。此外，小琪还在微信的视频号、B站、抖音、快手等平台直播带货，最常用的广告词就是“会理石榴，天下第一”。而小琪也凭着出色的带货能力以及对产品质量的把控，销售出了大量的石榴。请问，小琪给自己的农产品打广告说是“天下第一”，合法吗？

解析

不可以给农产品打广告说是“天下第一”。根据我国《广告法》第9条第3项的规定，广告宣传不得使用“国家级”“最高级”“最佳”等用语。虽然法律条文中没有明文规定不得使用“天下第一”，但“天下第一”与“国家级”“最高级”“最佳”等用语都属于绝对化用语，容易误导消费者，使消费者作出不合理的决策，因此，“天下第一”

的宣传也是违反法律规定的。如果广告主违法发布此类广告,根据我国《广告法》第57条的规定,当地的市场监督管理局可以责令广告主停止发布广告,对广告主予以罚款,情节严重的还可以吊销营业执照。

在上面的案例中,小琪在各大平台宣传"会理石榴,天下第一"的行为不符合《广告法》的规定。小琪不能证明其他地方产的石榴就一定不如会理的石榴,使用这种绝对化的用语不仅容易误导消费者,使消费者作出不合理的决策,也在无形之中贬低了其他产地的石榴,因此,小琪应当立即停止使用"天下第一"等绝对化的词汇来宣传自家的石榴。

依据

《中华人民共和国广告法》第9条、第57条

65 给本地的特色食品注册商标,可以使用本地地名吗?

疑惑

柳州螺蛳粉是广西的特色美食之一,到处可见打着柳州螺蛳粉招牌卖螺蛳粉的粉馆。郭某在大城市打拼积累资金后，回到广西老家投资设立了一家螺蛳粉加工合作社，村里的好几位村民入社共同经营，但生意一直不温不火。一天，郭某和合作社的孙某闲聊，抱怨生意不好做。孙某称，如果我们成立一个柳州螺蛳粉协会，将“柳州螺蛳粉”作为商标注册，协会提供管理、技术培训等服务，再收取加盟费。之后，他们真的成立了柳州螺蛳粉协会并完成了商标的注册工作。2022 年 1 月，柳州螺蛳粉协会一次性起诉了全国成千上万个螺蛳粉粉馆，认为这些粉馆侵犯了自己的商标权，如果这些粉馆要继续使用“柳州螺蛳粉”的招牌就要付给自己加盟费。请问，给本地的特色食品注册商标，可以使用本地地名吗？

解析

商标注册大部分不能使用地名。首先，我国《商标法》第 10 条第 2 款明确规定，县级以上行政区划的地名或者公众知晓的外国地名，不得作为商标。但是地名具有其他含义或者地名作为集体商标、证明商标组成部分的，地名可以作为商标。地名不能作为商标是因为生产者常常要在商品上标明商品的产地，当地名用作商标时，往往让人难以区分其为商标还是产地名称，因而不具有显著性。其次，根据《商标法》第 11 条的规定，仅有本商品的通用名称，或者缺乏显著特征的标志不得作为商标注册。由此可见，一般情况下，地名因其缺乏显著特征，不得作为商标使用。而如果注册商标中含有本商品的通用名称，或者注册商标中含有地名的，按照《商标法》第 59 条的规定，注册商标专用权人无权禁止他人正当使用，也就没有所谓的加盟费用。

在上面的案例中，郭某和孙某成立柳州螺蛳粉协会，以集体的名义注册了“柳州螺蛳粉”商标，巧妙地避开了“县级以上行政区划的地名或者公众知晓的外国地名，不得作为商标”的规定。但“柳州螺蛳粉”以地名加通用名称作为商标，其注册商标专用权人无权禁止其他商户正当使用，也就是说，他们无权向柳州特定区域外的商户许可使用该地理集体商标并收取加盟费。同时也无权禁止柳州特定区域内的商家正当使用该地理标志集体商标中的地名，如其他商家可以使用“柳州酸笋”文字以表明酸笋来源的行为，这些均属于正当使用。

依据

《中华人民共和国商标法》第 4 条、第 10 条第 2 款、第 11 条、第 59 条第 1 款

CHAPTER

5

第五章

安全生产管理

66 什么是安全生产管理员？任何人都可以担当此任吗？

疑惑

小张大学毕业后到大城市闯荡了几年，发现自己无法承受过重的生活压力，便回到了家乡小城市生活。春节期间，亲戚提到村里今年招商引资新成立了一家乡镇企业，由于涉及化工产品，企业想在本地招聘几名安全生产管理员，待遇不错，建议小张去试试。小张觉得安全生产管理员工作应该没有什么难度，便来到该化工企业应聘。但是，人事部经理却告知小张，其本科所学的外语专业与化工生产业务及安全生产管理并无直接关系，而且其也不具备安全生产人员相关的从业资格证书。因此，其无法胜任该企业安全生产管理员职位。小张很费解，认为安全生产管理员就是负责日常巡逻检查，只要用心谁干都可以，为什么还要有相关的专业和资质要求呢？请问，什么是安全生产管理员？任何人都可以担当此任吗？

解析

安全生产是安全与生产的统一，是企业在生产过程中必须达到的前提条件。安全重于泰山，保证企业安全生产，安全生产相关工作人员负有至关重要的责任。作为企业的安全生产管理人员，必须严格履行职责，按照国家安全生产方面的法律、法规，对企业生产进行安全管理和监督，以防范安全事故的发生。我国《安全生产法》第24条规定了应当配备安全生产管理员的单位类型和从业人员数量，像矿山、冶金、建筑施工、危险物品生产经营等企业应当严格按照法律要求配备安全生产管理员。在上面的案例中，化工企业属于危险物品生产单位，根据《安全生产法》第24条的规定应当配备安全生产管理员。

但是，担任安全生产管理员是需要达到相关从业标准的。根据我国《安全生产法》第27条的规定，安全生产管理人员必须具备与本单位所从事的生产经营活动相应的安全生产知识和管理能力。部分较危险行业单位，需要有取得相关资格证书的人员担任安全生产管理员。同时，根据《安全生产法》第97条的规定，未按相关要求配备安全生产管理员的企业，将会受到责令限期改正、停产停业整顿甚至罚款的处罚。

由此可知，不是所有人都可以从事安全生产管理的，其工作职责也不仅是做好安全巡逻检查这么简单。在上面的案例中，化工企业属于危险品生产的单位，对安全生产管理员从业资格要求更为严格，根据法律规定，应当由具备注册安全工程师的资格的人员担任，且上岗之前应当由主管的负有安全生产监督管理职责的部门对其进行考核。因此，无相关工作经验且无相关资格证书的小张不能胜任该工作。

依据

《中华人民共和国安全生产法》第 24 条、第 27 条、第 97 条

67 使用淘汰的设备作业，可能要承担怎样的法律后果？

疑惑

老刘在本村集体所有的一家制铝乡镇企业从事采购工作，工作已有 10 多年。近期，该制铝企业申请了一笔政府发展基金，准备用来采购一批生产设备，以扩大生产规模，从而吸纳更多的村民就近工作。然而，这不但需要采购设备，还要新建厂房、招募新员工，企业开支巨大导致资金吃紧。于是，总经理找到老刘，让其在市场上寻找一批国外厂家淘汰下来的机械设备，这样既能节省开支，又能保证生产规模的扩大。但是，老刘觉得这样不妥，他觉得使用淘汰设备是违法的行为，便拒绝了总经理的提议。总经理非常生气，冲老刘发火道："国外淘汰下来的设备只是机器老了一些，技术还是先进的，维护一下就能使用！如果不能完成任务你就别干了！"请问，总经理的话对

吗？可以使用淘汰的设备作业吗？如果继续使用可能会承担什么样的法律后果？

解析

无论是生产机器还是相关设备，都有一定的使用寿命，如果超过正常使用年限，就可能无法正常运转，甚至有可能在使用过程中发生危险，存在极大的安全生产隐患。因此，为了保证企业生产活动安全有序进行，也为了保障生产的效率，应当定期对机器设备进行养护，对老旧的生产设备及时进行更换。事实上，这不但是安全生产的需要，更是生产企业的一项法定义务。我国《安全生产法》第38条第3款规定，更换应当淘汰的危及生产安全的工艺和设备是生产经营单位的法定义务。如果生产企业不认真履行这一义务，将会面临众多法律风险。对此，《安全生产法》第99条第7项规定了对使用应当淘汰的设备厂家的相关处罚措施——违法使用应淘汰设备，厂家和相关责任人都需要接受行政处罚，甚至承担刑事责任。

在上面的案例中，制铝厂为了扩大市场份额，亟须采购一批生产设备。但是无论资金如何紧张，都不能通过采购国外淘汰设备的方式，来扩大生产规模。该厂总经理的行为严重违反了《安全生产法》的相关规定，使用淘汰设备可能会造成严重的安全生产事故。如该制铝厂已经采购应当淘汰的设备作业，相关部门应当责令限期改正，处5万元以下的罚款；逾期未改正的，处5万元以上20万元以下的罚款，对其直接负责的主管人员和其他直接责任人员处1万元以上2

万元以下的罚款;情节严重的,责令停产停业整顿;构成犯罪的,依照刑法有关规定追究刑事责任。

依据

《中华人民共和国安全生产法》第 38 条、第 99 条

68 企业危险机械设备附近必须张贴安全警示标志吗?

疑惑

小黄技校毕业后,回到了农村老家的轮胎制造企业工作。经过简单的入职培训后,小黄被分配到了抛光车间,由张师傅带领使用机器进行作业。这天,刚巧赶上张师傅请假,小黄便独自一人在车间工作。结果因为工作技能不熟练,小黄操作机器时不慎将手臂碰伤,工友急忙将其送去医院。后该乡安全生产办公室在进行事故调查时发现,小黄当天操作的设备属于大型危险机械设备,且企业未按照规定在该设备上的明显位置张贴安全警示标志,企业应当受到处罚。企业负责人感到很委屈,他辩称小黄在上岗前已经接受了入职培训,而且师傅已经多次跟其强调过该设备的危险性，小黄受伤是自己不小心造成的，为什么要处罚企业呢？请问，企业危险机械设备上必须张贴安全警示标志吗？

解析

安全警示标志是一种提示标志，用以在明显的位置向人们发出危险警告，提醒人们提早采取措施预防危险发生。根据我国《安全生产法》第35条的规定，在有较大危险因素的生产经营场所和有关的设施、设备上，生产经营单位必须设置安全组织标志，且张贴位置应当是明显的、能够有效对危险因素起到警示作用的安全警示标志。同时，该法第99条对没有按照规定张贴安全警示标志的单位，作出了相关处罚性的规定。由此可知，在危险因素较大的设备上张贴安全警示标志是生产经营单位的法定义务，生产经营单位必须履行。如果不按照规定履行，就将依据法律的规定受到相应的处罚。

在上面的案例中，该轮胎制造企业在危险因素较大的器械设备上没有张贴安全警示标志，应当承担相应的责任。

依据

《中华人民共和国安全生产法》第35条、第99条

69 用人单位可以不为员工配备劳动防护用品吗?

疑惑

小林在技校学习的是电焊技术,毕业后经人介绍来到当地一家机械制造厂工作。该厂是一家乡镇企业,工人大多都是附近的村民。小林被分配到电焊车间工作,该车间工作环境中有许多大型机械零件,日常通过高空挂钩传送。虽然工作环境存在很大危险因素,但是小林发现,工作人员生产作业时大都不佩戴安全帽。小林向车间主任提出想要一顶安全帽,称上学时老师要求进入生产车间必须佩戴安全帽。可是车间主任却称,工人都是村里的村民,以前发过安全帽,但是大家都不戴,久而久之厂里就不购置了,如果非要佩戴安全帽可以自己购买一顶。小林感到很疑惑,厂家这样的行为是合法的吗?用人单位可以不为员工配备必需的劳动防护用品吗?

解析

劳动防护用品就是我们俗称的“劳保用品”,用于职工从事生产操作时佩戴使用,有安全帽、防护面罩、口罩、手套等,以保证职工的生命健康安全。我们鼓励职工随时佩戴劳保用品,尤其是有些职业具备一定的危险性或危害性,用人单位必须为劳动者配备相应的劳保用品,并教育、监督员工正确佩戴使用,以保护其人身安全或减小人身危害。我国《安全生产法》第45条和第47条明确要求,生产经营单位应当为从业人员提供符合国家标准或行业标准的劳动防护用品,并且应当安排出用于配备劳动防护用品的专门经费。由此可知,生产经营单位为从业者配备劳动防护用品是其应当履行的法定义务,为劳动者配备的防护用品必须符合要求,且不能要求劳动者自己出资购买必备的防护用品。同时,我国《安全生产法》第99条,是生产经营单位不按要求配备劳动防护用品时的处罚性规定,没有按规定配备劳动防护用品会承担相应的法律责任。

在上面的案例中,该机械制造厂的电焊车间内大型机械设备众多,而且很多通过高空挂钩传送,工作环境存在很大的危险性,因此,应当为在车间内工作的员工配备安全帽用以人身防护。厂家不为员工配备安全帽的行为是违法的,小林有权要求厂家提供,厂家不能要求员工自费配备防护用品。对于该厂违反法定义务的行为,小林可以向负有安全生产监督管理职责的部门进行举报,该厂需要为此承担相应的法律责任。

依据

《中华人民共和国安全生产法》第45条、第47条、第99条

70 作业时发生危险紧急撤离的，企业能否扣除工资用作赔偿？

疑惑

某企业老总事业有成后，在老家投资创办了一家村办化肥厂。村里非常有威望的老吴出任该厂车间主任。一天，在生产作业时，老吴发现车间原料仓储室附近起火，便迅速组织车间内职工灭火并向上级部门报告。但是，火势并没有得到控制，而是快速蔓延到整个车间。老吴见状，立即组织10余名工作人员撤离。人员全部撤出后不久，车间就发生了爆炸。事后，化肥厂对事故现场进行物资清算，发现事故损失高达50万元。化肥厂认为，老吴作为车间主任，没有第一时间组织人员抢救公共财物，还在危急时刻带领工作人员撤离，没有尽到作为负责人的义务，应当对其进行处罚。于是，公司决定扣除之后2年内老吴10%的工资，用以补偿公司的损失。请问，化肥厂对老吴的处理合法吗？作业时发生危险紧急撤离的，企业能否扣除员工工资作为赔偿？

解析

企业在生产过程中，要牢牢树立生命安全高于一切的思想。生命健康是人的第一需要，生命健康权是一种至高无上的权利，任何劳动生产都不能以牺牲人的生命为代价。我国《安全生产法》将该理念以立法的形式予以确立，任何生产企业都应当树牢这一思想。根据该法第55条的规定，在生产经营过程中，如果从业人员发现了直接危及人身安全的紧急情况，有权采取紧急避险措施。生产经营单位不能因为工作人员采取了紧急避险措施，而通过扣除工资或降低福利待遇等方式，要求员工对企业作出一定赔偿。

在上面的案例中，化肥厂车间主任老吴，在发现火情的第一时间已经积极采取补救措施并向上级报告，在施救无果且存在危及人身安全的情况下组织员工撤离，属于紧急避险情况。老吴积极履行救助义务，行为本身并无过错，化肥厂不能要求老吴对企业的损失进行赔偿，化肥厂扣除老吴部分工资的行为是违法的。

依据

《中华人民共和国安全生产法》第55条

71 企业可以拒绝安全生产监督检查人员对其进行检查吗？

疑惑

临近春节，某市安全生产监督部门按照上级要求，对辖区内全部工厂进行安全检查。这天，安全生产检查组来到某镇老王的制鞋厂进行抽查。临时接到通知的老王一下子慌了神，自知平时安全生产管理不到位，且没有及时自查整改，便想让检查组改期。于是，老王故意躲起来，安排其他人接待检查组，寻找各种理由不让检查组进入生产车间。但是，检查组态度坚决，一时间，厂内工作人员与检查组成员发生了争执。请问，老王的行为合法吗？企业可以拒绝安全生产监督检查人员对其进行检查吗？阻挠安全生产监督检查人员进行检查要承担哪些法律责任？

解析

安全生产监督检查，是督促企业落实安全生产相关法律、法规的一种有效途径。通过安全生产监督检查，可以更好、更快、更直接地发现企业在生产过程中出现的安全领域相关问题，促使企业尽快完成整改,以保障人身安全和财产安全。根据我国《安全生产法》第66条的规定,当安全生产监督检查人员依法履行监督检查职责时,生产经营单位应当予以配合,不得拒绝、阻挠。检查人员对相关单位进行依法检查是代表国家行使公权力,作为受监督的一方,生产经营单位应当积极配合。同时,该法第108条规定了拒绝、阻碍安全生产监督管理部门进行检查需要承担的相应的法律责任,如果拒不配合相关检查,可能会受到罚款甚至追究其刑事责任。

在上面的案例中,老王作为制鞋厂的负责人,应当在日常生产时高度重视安全生产工作,将安全生产的自查、整改工作贯穿始终。这样,在安全生产监督管理部门依法对制鞋厂进行安全生产检查时,老王就不会因为心虚造成此次事件。如果因逃避或者阻碍安全监管并产生严重后果,老王将依法承担相应责任。

依据

《中华人民共和国安全生产法》第66条、第108条

CHAPTER

6

第六章

财务管理与依法纳税

72 村民来上班，企业也要为其申报和代缴个税吗？

疑惑

村民小景是某乡镇玻璃厂的工人。该玻璃厂和小景约定，玻璃厂每月20号通过现金支付的方式给小景发工资6000元。该玻璃厂的会计是小景的同学小武，小武见小景不仅要赡养年迈体弱的父母，还要抚养2个年幼的孩子，生活十分困难，而且小景的工资只比个人所得税的起征点高1000元，小景即使不缴纳个人所得税，也可能不会有多大影响，于是，小武就没有为小景申报和代缴个税。请问，农民来上班，企业也要为其申报和代缴个税吗？

解析

无论是谁，只要是依法依规应聘入职的，企业都应当为其申报和代缴个人所得税。按照《个人所得税法》第2条的规定，工资、薪金所得；劳务报酬所得……财产租赁所得、财产转让所得、偶然所得等应当缴纳个人所得税。居民个人（在中国境内有住所，或者无住所而一个纳税年度在中国境内居住累计满183天的个人）的工资、薪金所得，劳务报酬所得等，按纳税年度合并计算缴纳个人所得税；非居民个人（在中国境内无住所又不居住，或者无住所而一个纳税年度在中国境内累计不满183天的个人）的财产租赁所得、财产转让所得、偶然所得等，也应当依法缴纳个人所得税。那么，居民缴纳个人所得税时，应当如何申报和扣缴呢？根据《个人所得税法》第9条第1款的规定，个人所得税以所得人为纳税人，以支付所得的单位或者个人为扣缴义务人。由此可见，支付所得的单位应该为职工申报和代缴个人所得税。

在上面的案例中，小景以现金的方式领取工资，但是支付工资的方式并不影响小景获得的财物属于工资、薪金所得的性质。小景作为纳税人，有义务缴纳个人所得税，而小景所在的单位有义务为小景申报和代缴个人所得税。会计小武的做法是不妥的。

依据

《中华人民共和国个人所得税法》第2条、第9条第1款

73 企业从事农业项目的所得，会减免企业所得税吗？

疑惑

朴朴是一家集种植、批发、零售蔬菜水果于一体的乡镇企业，同时也批发和零售果蔬类加工食品。朴朴有自己的果园和菜园，省去了中间环节，因此比超市、农贸市场以及某些网上生鲜购货平台便宜。朴朴不但注重开拓线下市场，还研发了自己的网购平台，并投入巨资宣传引流，吸引消费者下载朴朴 APP，希望提高自己在批发零售蔬菜水果这块业务的市场份额。然而，朴朴要在这个市场上分一杯羹并不容易，面对巨大的资金压力，朴朴不得不想办法开源节流。因此，朴朴砍掉了批发和销售加工食品的业务，专注于为顾客提供新鲜、安全、健康的有机蔬菜和水果，以降低纳税压力。请问，企业从事农业项目的所得，会减免企业所得税吗？

解析

事实上，企业从事农业项目的所得，会减免企业所得税。根据《企业所得税法》第 27 条的规定，企业从事农、林、牧、渔业项目的所得可以免征、减征企业所得税。对于不同的项目，税收优惠政策不同。《企业所得税法实施条例》第86条明确了免征和减半征收企业所得税的具体项目，按照该条例第86条第1款的规定，企业从事蔬菜、谷物、薯类……水果、坚果的种植，免征企业所得税。企业从事花卉、茶以及其他饮料作物和香料作物的种植，海水养殖、内陆养殖，减半征收企业所得税。当然，如果企业从事国家限制和禁止发展的项目，则不得享受本条规定的企业所得税优惠。

在上面的案例中，尽管朴朴销售果蔬的所得应当依法缴纳企业所得税，但是其从事种植蔬菜、水果的所得额会减免企业所得税，朴朴可以向当地税务部门进行咨询、申报。

依据

《中华人民共和国企业所得税法》第27条

《中华人民共和国企业所得税法实施条例》第86条

74 哪些企业可以不缴纳企业所得税？

疑惑

小徐是一个勤劳肯干的农村小伙，高中毕业后来到大城市打工，接触到了网络电商行业。几年后,他积累了一定的网络运营经验,想到自己家乡盛产柑橘,物美价廉却销路受限,便辞职回乡创业。刚开始,小徐自己直播售卖柑橘,后来生意越做越好,带领一大批乡亲走上了致富道路。小徐觉得应当扩大规模,树立本地品牌,于是决定成立一家公司。经过研究,小徐想跟乡亲们一起出资成立一家合伙企业。由于没有相关经验,他便找到当地乡村振兴干部咨询政策。干部老周认为普通合伙企业是一种比较好的形式,在设立程序上比较容易,而且不需要缴纳企业所得税。请问,哪些企业可以不缴纳企业所得税?

解析

依法缴纳企业所得税是应纳税企业的法定义务,不可回避,更不可逃避,否则会承担相应的法律后果。从我国《企业所得税法》第 1 条和第 2 条的规定可知,企业(居民企业和非居民企业)和其他取得收入的组织应当缴纳企业所得税。但是,个人独资企业以及合伙企业不需要缴纳企业所得税。也就是说,根据法律的具体规定,个人独资和普通合伙企业,是无须缴纳企业所得税的。对于这两类企业来说,有利于减轻税收的负担,同时也有利于税收公平。当然,个人独资和普通合伙企业还需要缴纳个人所得税。

依据

《中华人民共和国企业所得税法》第 1 ~ 2 条

《中华人民共和国企业所得税法实施条例》第2条

75 为残疾人提供就业岗位的企业，可以减免部分税收吗？

疑惑

黄先生是某市一位著名企业家，从小家境贫寒，靠着乡亲们的帮助才走出山村。如今事业有成的黄先生想为家乡的发展尽一份力，经过前期考察，他决定通过兴办乡镇企业带动当地经济发展，在家乡创办一个旅游度假公司。旅游度假公司发展顺利，今年又准备扩大规模。招聘员工时，黄先生提出要安置一部分本地残疾人，给其提供一些就业的机会，以帮助其改善生活条件。公司财务总监认为黄先生的决策很好，这样不仅可以帮助更多残疾人，也能使企业减免一部分税款。请问，为残疾人提供就业岗位的企业，真的可以对其减免部分税收吗？

解析

残疾人作为特殊群体，身体上的障碍限制了其平等参与就业。

面对残疾人就业存在的问题，国家大力倡导企业为更多残疾人提供就业机会，并以法律、法规的形式为这些企业提供优惠政策，减免税收就是其利好政策之一。根据我国《企业所得税法》第30条第2项的规定，企业安置残疾人员所支付的工资可以在计算应纳税所得额时加计扣除。加计扣除是指按照相关法律规定，在实际发生数额的基础上，再加成一定比例，作为计算应纳税所得额时的扣除数额的一种税收优惠措施。同时，财政部、国家税务总局《关于安置残疾人员就业有关企业所得税优惠政策问题的通知》第1条和第3条对企业安置残疾职工时，支出的工资在计算应纳税所得额时加计扣除的具体实施进行了规定。

在上面的案例中，黄先生创建的旅游度假公司，如果能给更多的残疾人提供工作岗位，不仅可以帮助残疾人建立生活信心、改善生活条件，也可以帮助国家减轻部分负担，为社会作出贡献。根据相关法律规定，该旅游度假公司可以享受相应的税收减免优惠政策。

依据

《中华人民共和国企业所得税法》第30条

财政部、国家税务总局《关于安置残疾人员就业有关企业所得税优惠政策问题的通知》第1条、第3条

76 在什么情况下可以申请延期缴纳税款？

疑惑

老马在当地经营一家玩具厂，前些年厂子效益还不错，但是随着竞争对手数量的增多，销路越来越窄，再加上人工成本等逐年水涨船高，厂子效益越来越差，再加上回款难，甚至一度出现了亏损。2021年年底，玩具厂当期应当缴纳的税款有十多万元，一时难以应付。于是，老马找到会计商议对策。会计说，在此种情况下可以申请延期缴纳税款。请问，老马的玩具厂经营有困难时，可以申请延期缴纳税款吗？

解析

纳税是每个公民应当履行的义务，无论是单位还是个人都应当积极履行自己的义务。同时，我国《税收征收管理法》第 31 条、第 32 条规定，纳税人因有特殊困难不能按期缴纳税款时，可以申请延期缴纳税款，但是最长不得超过 3 个月。同时，我国《税收征收管理法实施细则》对“特殊困难”的情形作出了具体规定：(1) 因不可抗力，导致纳税人发生较大损失，正常生产经营活动受到较大影响的；(2) 当期货币资金在扣除应付职工工资、社会保险费后，不足以缴纳税款的。

在上面的案例中，老马的玩具厂因经营出现困难，如果符合上面“特殊困难”所列举的第二种情形，就可以申请申请延期缴纳税款，但是最长时间不得超过3个月。

依据

《中华人民共和国税收征收管理法》第31条

《中华人民共和国税收征收管理法实施细则》第41条

77 企业聘用的会计一定要有会计证吗？

疑惑

月月在一家乡镇物流企业担任经理。最近，该物流企业正在招聘会计，月月听说朋友的妹妹小琪刚好要从外地回来，便让朋友询问小琪是否有意向来她们公司。于是，小琪参加了该公司的招聘面试。小琪说，她自考的本科是会计专业，而且在之前的公司从事的也是财务相关工作，大概1年的时间，具备一定的工作经验，但一直没有时间考取会计师资格证书。月月觉得小琪各方面条件还不错，而且积极向上很有干劲，打算录用她。但是，小琪没有取得会计师资格证书,不知道能否担任公司会计。请问,企业聘用的会计必须有会计相关证书吗?

解析

会计是专业性较强的职位,从事会计职业的人必须具备相关专业能力和素质,我国法律明确规定了企业会计从业人员的基本条件。根据我国《会计法》第38条的规定,会计从业人员应当具备从事会计工作需要的专业能力,担任企业会计主管人员的,必须具备会计专业技术资格或者有3年以上会计行业的从业经历。同时,该法第42条规定了企业违反会计从业要求时,应当承担的法律责任。由此可知,担任普通会计岗位人员门槛较低,但是,担任会计主管人员门槛相对较高,需要具备会计技术资格证书或者3年的行业经历。

在上面的案例中,小琪学习的是会计专业,而且有相关工作经验,说明小琪具备从事会计职业的相关专业能力。担任普通会计人员只要具备相关能力即可,取得会计师资格证书不是必要条件。因此,小琪可以在该物流公司担任会计。

依据

《中华人民共和国会计法》第38条、第42条

78 原始凭证有错误时，可以在上面直接涂改吗？

疑惑

某食品加工企业是一个乡镇企业，也是一个家族企业，厂内的管理者、经营者及员工，大部分是亲戚关系。厂长的侄子小崔大学毕业后，在企业担任会计。一天，小崔在制作记账凭证时，发现一张原始凭证（原料采购清单）存在问题，由于是手写凭证，原料供应商把商品单价写错了，无法与总数对应。小崔立即向自己的姑姑财务经理报告，姑姑却说没什么关系，更正过来就行了，反正都是手写的，也不容易看出来。小崔觉得此事重大，上学时老师着重强调不得涂改原始凭证，于是他找到原料供应商让其重新出具了一份正确的采购清单。请问，小崔是否小题大做？原始凭证有错误时，可以在上面直接涂改吗？

解析

小崔的做法是正确的，原始凭证有错误时，是不可以在上面直接涂改的。会计凭证是记录相关经济业务发生的书面证明，是登记账簿的依据，企业必须按照一定的程序正确制定会计凭证。我国《会计法》第14条明确规定了会计凭证的种类，包括原始凭证和记账凭证，而记账凭证是以原始凭证为依据的，原始凭证记载的各项内容均不得涂改。原始凭证有错误的，应当由出具单位重开或者更正，更正处应当加盖出具单位印章。原始凭证金额有错误的，应当由出具单位重开，不得在原始凭证上更正。由此可知，原始凭证有很强的证明效力，原始凭证一经作出，其更正和补充要经法定的程序，不论是会计人员还是公司的领导管理人员都不能对原始凭证随意涂改。

在上面的案例中，财务经理的做法是错误的，原始凭证不得随意涂改。而小崔的做法是正确的，他找到出具原始凭证的原料供应商，让其重新出具一份正确的采购清单。

依据

《中华人民共和国会计法》第14条

79 领导指使会计伪造、变造会计凭证的，需要承担什么责任？

疑惑

某公司是某市著名食品生产企业，该公司出品的特色黏豆包，口感绵密、软糯香甜,受到众人的喜爱。近几年,该公司效益越来越好,产品远销海外。由于该食品企业是一个家族式乡镇企业,董事长老王一直专注于开拓其他业务,厂子实际由其儿子小王经营。可是,小王是个败家子,总是不务正业,还经常从公司挪用款项用于私人消费。到了年底,会计盘账发现有不少亏空,便让小王总补齐,小王总却要求会计伪造、变造会计凭证,会计不敢伪造凭证,便把此事报告给了老王董事长。请问,领导指使会计伪造、变造会计凭证的需要承担什么责任?

解析

会计凭证是一个公司、团体或者机构经济往来的书面证明,是一种重要的记载凭证,可以为其经济管理提供有效的财务信息。我国《会计法》第 43 条、第 44 条和第 45 条分别规定了,不得伪造、变造、隐匿、销毁以及不得指使、授意、强令他人伪造、变造、隐匿、销毁会计凭证,构成犯罪的,要依法追究刑事责任。

在上面的案例中,小王总不得要求会计伪造、变造会计凭证,否则要依法承担相应的刑事责任。企业会计将此事上报公司董事长的做法是正确的,不能按照小王总的要求伪造、变造会计凭证,否则也将自己置于法律问责之地。

依据

《中华人民共和国会计法》第 43 ~ 45 条

80 公司经理可以要求会计私设会计账簿吗?

疑惑

小黄是某乡镇食用菌生产公司的财会人员。前几天,公司马经理找到小黄,称近些年公司发展规模逐渐增大,各项费用开支也逐渐增加,有些账目不方便记在会计账簿上,让其在原有账簿的基础上再增加一个专门针对公司内部使用的账本。于是,小黄按照马经理的要求私设了一本会计账簿,将部分不方便记录于会计账簿的账目记录在此。一天,小黄跟姐姐闲聊提及此事,姐姐告诉其私设账簿是严重违法行为,要求其立即停止记录“暗账”的行为。请问,公司经理可以要求会计私设会计账簿吗?私设会计账簿需要承担什么法律责任呢?

解析

会计账簿是记录一个公司发展状况以及证明资金往来状况的重要凭证,任何公司不能私设会计账簿。为了防止部分企业搞“小金库”、偷税漏税等违法行为的发生,我国《会计法》第16条明确规定,各项经济业务事项应当在会计账簿上统一登记、核算,不得私设会计账簿登记、核算。私设会计账簿登记是违法行为,有损健康有序的企业经营秩序。同时,该法第 42 条规定,私设会计账簿应当承担的相应法律责任,如由县级以上人民政府财政部门责令限期改正,还可以对单位、直接负责的主管人员和其他直接责任人员处以罚款。如果会计人员有私设会计账簿行为情节严重的,5 年内不得从事会计工作。

在上面的案例中,食用菌生产公司的马经理要求小黄私设会计账簿的行为是违反法律规定的,小黄应当拒绝马经理的要求,立即停止私设会计账簿的行为,否则二人均要承担相应的法律责任。

依据

《中华人民共和国会计法》第 16 条、第 42 条

CHAPTER

7

第七章

土地利用与流转

81 工厂是否可以建设在耕地而不是荒地上?

疑惑

某食品公司计划在郊区增设一个工厂,该食品公司的负责人前往郊区进行选址。经过实地查看后,有两块土地被列入了该公司的考虑清单中。其中一块是荒地,优点是面积大,但是地处偏僻,交通不方便;另外一块土地是耕地,虽然面积小了一点,但是离供货商所在地更近,交通也更加方便,可以节省运输支出。经过考虑,该食品公司决定放弃荒地,选择在耕地上建设新工厂。请问,该食品公司的行为是否合法?在已有荒地的前提下,单位能否选择在耕地上建设工厂?

解析

该食品公司的行为不合法。我国注重发展农业,保护现有农业用地不受破坏和侵占。根据我国《土地管理法》第 21 条第 1 款的规定,在进行城市建设时,应当充分利用现有建设用地,如非必要不得占用农用地。如果必须占用农用地,也应当尽量少占。同时,本法第 37 条第 1 款与《土地管理法实施条例》第 12 条第 2 款都规定,非农业建设在可以利用荒地的前提下,不得占用耕地;在有劣地的前提下，不得占用好地。我们国家虽然幅员辽阔，但实际能够利用的耕地少之又少。耕地的多少与粮食的产量密不可分，只有保住耕地面积，促进农业的发展，才能保障民生问题。

在上面的案例中，该食品公司计划增设工厂，并同时有两块土地可供选择。而该食品公司不选择放弃荒地而占用耕地，这种行为是违法的。根据我国《土地管理法》第67条第1款的规定，应当由县级以上人民政府的自然资源主管部门对该食品公司的行为进行监督检查。

依据

《中华人民共和国土地管理法》第21条第1款、第37条第1款、第67条第1款

《中华人民共和国土地管理法实施条例》第12条第2款

82 在施工过程中不慎破坏耕地，要承担什么责任？

疑惑

某瓷器厂想要扩大规模，准备在乡下新建一处砖窑。获得批准以后，该瓷器厂正式开始施工。砖窑地址附近有一个村庄，村民的耕地大多聚集在这里。在施工过程中，该瓷器厂需要对地下进行挖掘，但由于图纸规划有问题，在开挖过程中不慎挖到了耕地下面的部分。虽然发现及时，但是已经进行的挖掘活动还是给耕地造成了损坏，使部分村民当年的作物遭到毁损，给村民们造成了经济损失。同时，挖掘活动还导致小部分耕地几年内都无法进行耕种。相关部门经过检测后，认定该瓷器厂在本事件中存在过失。请问，该瓷器厂应当为破坏耕地的行为承担什么样的法律责任？

解析

根据我国《土地管理法》第43条的规定，因挖损、塌陷、压占等造成土地破坏的，应当承担的法律后果主要是对土地进行复垦。土地复垦就是指对遭到破坏的土地采取整治措施，使其恢复到可供利用的状态。造成土地破坏的用地单位或者个人应当负责土地复垦，如果没有条件复垦，或者复垦后的土地并未达到要求的，用地单位或者个人应当缴纳土地复垦费。土地复垦费将会专项用于土地复垦活动。

如果用地单位或个人拒不履行土地复垦义务，应当根据《土地管理法》第76条的规定，由县级以上人民政府的自然资源主管部门责令其限期改正。如果经过自然资源主管部门催告，仍不履行复垦义务的，就应当缴纳土地复垦费。同时，自然资源主管部门也可以对用地单位或个人处以罚款。

在上面的案例中,该瓷器厂在扩大规模建造砖窑时,因图纸出现问题错误挖掘到耕地,导致耕地遭到损坏。由此可见,该瓷器厂破坏土地的行为虽然是出于过失,但确实造成了土地损坏的严重后果,也给当地村民造成了财产损失。根据法律的规定,该瓷器厂应当在土地遭到损坏后,及时履行复垦义务。如果没有条件进行土地复垦的,应当缴纳土地复垦费。同时,也应当对当地村民的财产损失进行赔偿。

依据

《中华人民共和国土地管理法》第43条、第76条

83 将土地转租给他人以后,他人擅自在土地上建厂,承包方能否要求解除流转合同?

疑惑

姚某是某村的村民,多年来在自己的承包地内种植果树。几年后,姚某因身体原因,没有精力继续照料果树,便想着把土地转租出去。同村的胡某得知此事后，找到姚某表示要租用他所承包的土地。于是，姚某与胡某签订了土地经营权流转合同。过了 2 个月，姚某无意中得知胡某取得土地后并未继续经营果园，而是将果树全部铲除，想要在土地上建造一个罐头加工厂。姚某以胡某擅自改变土地用途为由要求与胡某解除合同，但是胡某认为他既然租用了土地，就有权决定土地的用途，拒绝了姚某解除合同的要求。请问，在这种情况下，姚某是否有权直接单方解除与胡某之间的土地经营权流转合同？

解析

根据我国《农村土地承包法》第 9 条和第 36 条的规定，当承包方承包土地以后，既可以自己在土地上进行经营，也可以将土地经营权通过出租（转包）、入股或其他方式进行流转，由他人对土地进行经营。需要注意的是，当承包方向他人流转土地经营权时，应当向发包方进行备案。同时，根据本法第 38 条第 2 项的规定，土地经营权流转以后，不得改变土地所有权的性质和土地的农业用途。也就是说，如果承包土地为农用地，土地经营权流转以后，该土地性质仍然为农用地，不得在土地上开展非农业活动。

如果土地经营权流转的受让方擅自改变了土地的用途，根据本法第 42 条的规定，承包方可以直接单方解除土地经营权流转合同。除此之外，受让人将承包地用于非农建设的，还应当由县级以上地方人民政府有关主管部门依据本法第 63 条的规定对其进行处罚。

在上面的案例中，胡某与姚某签订了土地经营权流转合同，取得了土地经营权，应当继续将该土地用于农业用途，但是胡某擅自在土地上建设罐头加工厂。对于胡某的行为，姚某有权单方解除土地经营权流转合同。

依据

《中华人民共和国农村土地承包法》第9条、第36条、第38条、第42条、第63条

84 承包方将土地转包给他人，发现对方严重破坏土地的，能否单方解除合同？

疑惑

洪某承包了一片林地，经过多年的种植与维护，该片林地上的树木长势很好，不仅给洪某带来了利润，也对当地的生态环境产生了积极的影响。后来，洪某由于家庭原因，想要将林地转包给他人。于是，洪某与梁某签订了土地经营权流转合同，将该片林地的经营权转包给了梁某。梁某取得土地经营权以后，不满足于林地能带来的利润。他得知该片林地生长多年，地下土壤十分肥沃，便趁夜晚偷偷挖掘深层土壤非法进行倒卖。时间一长，梁某的行为造成原有的树林被破坏，土壤也在短期内失去了再植能力，需要多年的时间来恢复。洪某得知此事后，想要解除土地经营权流转合同。请问，洪某能否单方解除合同？

解析

根据我国《农村土地承包法》第 11 条的规定，农村土地承包经营时，应当注意保护土地资源的合理开发和可持续利用。在对土地进行使用的过程中，对土地产生一定程度的损害是难以避免的。但是，土地使用人应当尽可能将这种损害控制在最小范围内，保障土地的使用性能和生态环境。

当承包方对土地经营权进行流转时，应当遵守《农村土地承包法》第 38 条第 2 项所规定的原则，不得破坏土地的农业综合生产能力和农业生态环境。如果土地经营权的受让方给土地造成严重损害或者严重破坏土地生态环境的，承包方也有权依据本法第 42 条第 3 项的规定，单方解除土地经营权流转合同。

在上面的案例中，梁某通过土地经营权流转的方式取得经营权后，应当继续在不改变原土地性质的前提下利用土地，并且应当做到对土地资源的合理开发，避免对土地造成严重损害。但是，梁某为了牟取不当利益，违法对深层土壤进行挖掘，导致土壤在短期内失去了再植能力，对土地资源造成了破坏。对于这种情况，洪某作为原承包人，有权单方解除土地经营权流转合同。

依据

《中华人民共和国农村土地承包法》第11条、第38条、第42条

85 通过转包从他人那里取得的土地经营权也能用于抵押吗？

疑惑

朱某与韦某签订了土地经营权流转合同，从韦某处取得了一片草地的经营权。取得经营权以后，朱某一直用心经营，积攒了不少财富。一天，朋友与朱某商量共同兴办乡镇企业，朱某欣然答应，但是，朱某的积蓄不够，只能向银行申请贷款，朱某计划将草地作为抵押物。请问，朱某能否将通过流转方式取得的土地经营权用于抵押？

解析

根据我国《农村土地承包法》第3条第1款的规定，我国实行农村土地承包经营制度，承包方无法取得土地的所有权，但可以取得土

地的经营权。本法第 9 条与第 10 条规定,土地经营权可以进行流转,承包方也可以通过土地经营权取得经济利益。由此可见,土地经营权是一种财产性权利。我国《农村土地承包法》第 47 条规定,承包方可以用承包地的土地经营权向金融机构融资担保,受让方通过流转取得的土地经营权也可以向金融机构融资担保。需要注意的是,在这种情况下进行担保的并不是土地本身,而是附着在土地上的土地经营权。同时,如果承包方或受让方需要以土地经营权进行担保的,需要注意向发包方备案。

在上面的案例中,朱某通过土地经营权流转的方式,取得土地的经营权,并通过经营草地来获取利益。从案例中可以看出,朱某虽然没有土地所有权,但是其享有的土地经营权是合法有效的。在这种情况下,朱某有权以其享有的土地经营权作为担保,向银行申请贷款。

依据

《中华人民共和国农村土地承包法》第 3 条第 1 款、第 9 ~ 10 条、第 47 条第 1 款、第 2 款

CHAPTER

8

第八章

刑事犯罪处理

86 随意倾倒有害危险废物，是否构成犯罪？

疑惑

某金属材料公司甲公司在某镇郊外工厂中从事金属铝板加工项目的生产，生产中的喷漆工段会产生危险废物漆渣。该公司在漆渣累积后，在镇上找了一个没有危险废物处置资质的商户乙处置漆渣。乙便在夜里直接用渣土车将漆渣运至公路边，倾倒在土地上。后生态环境局发现该处废物，委托相应机构对倾倒物质进行应急处置，但已对当地土壤造成永久性破坏。请问，甲公司与商户乙的行为是否构成犯罪？

解析

我国《刑法》第338条明确规定了污染环境罪。达到刑事责任年龄并具有相应刑事责任能力的个人和单位都可能触犯本罪，在实践中，以单位居多。触犯本罪，要求行为人故意实施污染环境的违法行为，并且造成严重污染环境的后果。如果不是故意为之，或者没有造成严重污染环境的后果，都不会构成污染环境罪。其中，就如何确定是“严重污染环境”，可以根据最高人民法院、最高人民检察院《关于办理环境污染刑事案件适用法律若干问题的解释》第1条的规定进行判断。

在上面的案例中，甲公司在明知商户乙在没有危险废物处置资质的情况下，将危险废物漆渣交由商户乙处置。甲公司和商户乙明知自己的行为必然对环境造成损害，仍然实施了污染环境的行为，并最终对当地土壤造成永久性破坏，如构成对环境造成“严重污染”的程度，则甲公司和商户乙构成污染环境的共同犯罪。

因此，企业在日常的生产经营中，须注意处理有害废物要合法合规，寻找具有相应资质的正规机构对废物进行处置。否则，不仅会对大家所生活的环境造成损害，还要承担相应的法律责任。

依据

《中华人民共和国刑法》第338条、第346条

最高人民法院、最高人民检察院《关于办理环境污染刑事案件适用法律若干问题的解释》第1条

87 以虚构事实并虚假承诺投资回报向公众集资，构成何罪？

疑惑

2 年前，李某通过股权转让的方式成为某乡镇企业甲公司的唯一股东。此后，李某携公司主管人员虚构甲公司名下有多处工程及虚假房产，编造了一套投资获利的说辞，通过网络、实体广告以及乡村广播等途径向公众进行宣传，承诺根据投资金额不同可获 10%、20%、30% 不同档次的投资回报率，并承诺绝对保本不亏。甲公司以该虚假宣传从众乡民中集资近 200 万元，但并未根据承诺对甲公司进行经营，而是由李某和甲公司主管人员用于私用。请问，李某、甲公司及相关主管人员是否构成犯罪？构成何罪？

解析

我国《刑法》第 192 条明确规定了集资诈骗罪。集资诈骗罪，即行为人以非法占有为目的，使用诈骗方法非法集资，数额较大的犯罪。其中注意两点：一是要以非法占有为目的，二是数额较大。对于数额较大的标准，可根据最高人民法院《关于审理非法集资刑事案件具体应用法律若干问题的解释》第 5 条具体确定。其中,个人进行集资诈骗,数额在 10 万元以上的,单位进行集资诈骗,数额在 50 万元以上的,应当认定为“数额较大”。也就是说,个人集资诈骗 10 万元以上,单位集资诈骗 50 万元以上,就达到构成集资诈骗罪的认定标准。

在上面的案例中,李某、甲公司及公司的主管人员,虚构不存在的项目背景,并虚假承诺投资回报,向公众集资近 200 万元,且该部分资金实际却由李某等人挥霍使用。根据最高人民法院《关于审理非法集资刑事案件具体应用法律若干问题的解释》第 5 条的规定,单位进行集资诈骗,数额在 150 万元以上的,应当认定为“数额巨大”。由此可见,上面案例中的涉案金额为近 200 万元,已经构成了“数额巨大”的标准。那么无疑,李某、甲公司及公司的主管人员均可构成集资诈骗罪。

企业在日常的生产经营中,应当秉持最基本的诚实信用原则,诚信从商、诚信做人,如以虚假事实及承诺非法集资,涉嫌构成集资诈骗罪,不仅将会影响无数个被骗的家庭,自己也将承担相应的刑事责任。

依据

《中华人民共和国刑法》第 192 条

最高人民法院《关于审理非法集资刑事案件具体应用法律若干问题的解释》第 5 条

88 在履行合同过程中骗取对方财物，是否构成犯罪？

疑惑

马某是某服饰公司的董事长，在明知公司无相关实际生产能力的情况下，谎称公司具有大量供应手术衣的能力。后马某促成服饰公司与某实业公司签订了货款为400万元的一次性手术衣加工制作合同。实业公司于合同签订当日向服饰公司转账100万元预付款。之后，马某谎称如实业公司不继续支付货款，公司将会停产。于是，实业公司继续支付货款100万元，但并未按约提到货物。原来，马某拿到钱后便携款潜逃。请问，马某和服饰公司是否构成犯罪？

解析

我国《刑法》第224条明确规定了合同诈骗罪。合同诈骗罪，即行为人假借合同名义，骗取对方数额较大财物的犯罪。对于合同诈骗罪，个人和单位都可以构成。该罪要求行为人有以非法占有目的，在签订、履行合同过程中，以虚构事实或者隐瞒真相的方法，骗取对方当事人财物，数额较大的行为。对于“数额较大”，最高人民检察院、公安部《关于公安机关管辖的刑事案件立案追诉标准的规定(二)》第69条明确规定为2万元。

在上面的案例中,马某及其公司隐瞒自己公司的实际履行能力,在明知无法供货的情况下与实业公司签订不准备履行的合同,以非法占有为目的,骗取实业公司共计200万元的预付款和货款,已经构成合同诈骗罪,应当承担相应的刑事责任。

大家应当秉着诚信为本的理念,正确预估自身的合同履行能力,并签订和自身合同履行能力相适应的合同。否则,如只为骗取对方财物、胡乱虚构事实签订合同,将构成合同诈骗罪,并承担相应的刑事责任。

依据

《中华人民共和国刑法》第224条、第231条

最高人民检察院、公安部《关于公安机关管辖的刑事案件立案追诉标准的规定(二)》第69条

89 用自制产品冒充他人专利产品，是否构成犯罪？

疑惑

甲公司向国家知识产权局申请了可整体嵌入餐桌的火锅炉实用新型专利，专利号为×××××，其相应产品火锅炉A销量非常好。后乙公司看到甲公司生意蒸蒸日上，便买来火锅炉A后仿制了一个类似产品火锅炉B，在火锅炉B上标注火锅炉A的专利号，并宣传乙公司销售的是火锅炉A。经查证，乙公司以火锅炉B冒充火锅炉A的销售经营额达到60万元。乙公司是否构成犯罪？

解析

我国《刑法》第216条明确规定了假冒专利罪。假冒专利罪，即行为人以各种方法假冒他人专利，情节严重的犯罪。单位和个人都可构成本罪。构成本罪，要求行为人故意实施了假冒他人专利的情形且情节严重，其中，对于哪些假冒他人专利的行为应予立案追诉，最高人民检察院、最高人民法院《关于办理侵犯知识产权刑事案件具体应用法律若干问题的解释》第4条作出了明确规定。

在上面的案例中，乙公司明知甲公司已经对火锅炉A申请了专利，并被授予了相应的专利号，却仍然仿制火锅炉A制作火锅炉B，并在火锅炉B上明确标识火锅炉A的专利信息，进而宣传销售，并最终取得大量违法所得60万元，达到了法律规定的定罪标准，乙公司的行为已经构成了假冒专利罪，乙公司及其主管人员应当承担相应的刑事责任。

知识产权包括著作权、专利权和商标权，是知识产权人的智力成果。我国法律鼓励大家勇于创新并且十分重视对知识产权的保护，任何人不得侵犯他人的知识产权。侵犯他人知识产权的，根据情节不同，有可能承担相应的民事、行政甚至刑事责任。

依据

《中华人民共和国刑法》第216条、第220条

《中华人民共和国专利法》第68条

最高人民检察院、最高人民法院《关于办理侵犯知识产权刑事案件具体应用法律若干问题的解释》第4条

90 采用“伪报品名”等方式逃避商检的，是否构成犯罪？

疑惑

某外贸公司通过制作伪报品名的报关单证、外汇核销单等方式，将其向海关申报出口多批一次性医用防护衣和医用外科口罩，伪装成毛绒玩具，以此来逃避商品检验。后被某省检验检疫局信息中心通过技术手段排查发现异常。外贸公司经上述方式未经商检出口货物数额已达400万元。请问，外贸公司是否构成犯罪？

解析

我国《刑法》第230条明确规定了逃避商检罪。逃避商检罪，即行为人违反进出口商品检验法律、法规的规定，逃避商品检验，擅自进出口未经检验的商品，情节严重的行为。有义务报商检机构检验进出口商品的个人和单位可构成本罪。最高人民检察院、公安部《关于公安机关管辖的刑事案件立案追诉标准的规定(二)》第75条规定了逃避商检罪的立案情形。

在上面的案例中，外贸公司明知自己所出口的医用外科口罩等医疗物资应当通过海关相关机构的检验，却采用制作伪报品名的报关单证、外汇核销单等方式，将货物伪装成不需要经过商品检验的毛绒玩具，货物数额达400万元，已达到“逃避商检的进出口货物货值金额在三百万元以上的”的立案追诉标准，其行为已经构成逃避商检罪，外贸公司及其主管人员应当承担相应的刑事责任。

商品检验是我国把控进出口商品质量，维护外贸市场、进出口商品管理秩序的重要举措，企业应当遵守相关法律、法规，自觉维护进出口商品交易市场管理秩序。

依据

《中华人民共和国刑法》第230～231条

最高人民检察院、公安部《关于公安机关管辖的刑事案件立案追诉标准的规定(二)》第75条

91 企业工作人员收取“感谢费”为他人谋私，是否构成犯罪？

疑惑

乙公司的业务员为了拿下甲公司的采购项目，与甲公司的经理

朱某私下沟通，如朱某帮助乙公司中标，则将给朱某 15 万元的“感谢费”。后朱某如约帮助乙公司暗箱操作使其中标，并在甲公司批付乙公司货款上出力，又收取了乙公司 5 万元的“感谢费”。后甲公司内部整顿员工风纪时发现朱某的行为，遂向警方报案。请问，朱某是否构成犯罪？

解析

我国《刑法》第 163 条明确规定了非国家工作人员受贿罪。非国家工作人员受贿罪，即作为非国家工作人员的行为人，利用自己的职位便利，索贿或受贿为他人谋取利益，且数额较大的犯罪。非国家工作人员，包括公司、企业或者其他单位的工作人员，国企工作人员不包含在此范围内，国企工作人员受贿的，构成国家工作人员受贿罪。需要注意的是，为他人谋取利益，仅指承诺，而并不要求实际为行贿者谋取利益。该罪也是要求达到一定的数额才构成犯罪，最高人民检察院、公安部《关于公安机关管辖的刑事案件立案追诉标准的规定(二)》第 10 条规定了非国家工作人员受贿“数额较大”的具体标准，为 3 万元。

在上面的案例中，朱某利用自己作为甲公司经理的职务便利，收受乙公司的“感谢费”共计 20 万元，为乙公司谋取中标机会等利益，已经构成了非国家工作人员受贿罪。乙公司也构成了《刑法》第 164 条规定的对非国家工作人员行贿罪，都应当承担相应的刑事责任。

依据

《中华人民共和国刑法》第163条、第164条第1款

最高人民检察院、公安部《关于公安机关管辖的刑事案件立案追诉标准的规定(二)》第10条

92 将银行贷款转借他人以收取高额利息，是否构成犯罪?

疑惑

A公司为了牟利，以自己名下的房产作为抵押，向银行贷款了3000万元，陆续转借给紧缺流动资金的B公司，收取年利率20%的利息，并与B公司签订虚假购货合同，以货物进度款的名义收取借款利息。A公司借此获利600万元。后B公司认为利率过高不合理，诉至法院，法院查清A公司借款资金源于银行贷款，便移送公安机关立案侦查。请问，将银行贷款转借他人以收取高额利息，是否构成犯罪?

解析

我国《刑法》第175条明确规定了高利转贷罪。高利转贷罪，即行为人以转贷牟利为目的，套取金融机构信贷资金高利转贷他人，违法所得数额较大的犯罪。单位和个人均可构成本罪。构成此罪，要求故意为之，且需要有转贷牟利的目的，单纯在贷款后改变用途而不是为了牟利的，不构成此罪，但贷款后把本用于经营的自有资金拿去放高利贷，可涉嫌变相高利转贷。最高人民检察院、公安部《关于公安机关管辖的刑事案件立案追诉标准的规定(二)》第21条规定了高利转贷罪的立案追诉标准。

在上面的案例中，A公司向银行贷款的目的就是转贷给其他公司以牟取高额利息这一非法利益，违法所得已经达到了600万元，远超高利转贷罪的立案标准50万元，其行为已经构成高利转贷罪，应当承担相应的刑事责任。

我国对于信贷资金有着严格的管理秩序，如企业或个人无视国家法律、法规擅自将银行贷款高利转贷，不仅会严重影响国家的金融秩序、危害到整个信贷市场，行为人自身也应当承担相应的行政、刑事责任。

依据

《中华人民共和国刑法》第175条

最高人民检察院、公安部《关于公安机关管辖的刑事案件立案追诉标准的规定(二)》第21条

93 主管人员瞒报安全事故的，是否构成犯罪？

疑惑

某煤矿公司实际控制人黄某在未经行政主管部门审批的情况下，在A煤矿山下违规布置隐蔽作业区，超合法采区范围掘进巷道，越界开采煤矿，并在开采过程中采取隐蔽区域不上图、临时密闭、不安设安全监控等方式违法违规组织生产。后A煤矿山下采煤工作面发生一起煤与瓦斯突出事故，造成6人死亡、2人受伤。事故后，黄某、A煤矿矿长田某及其他相关主管人员知悉情况后，非但不上报，反而暗自处理尸体，并将伤员偷偷送医。请问，主管人员瞒报安全事故的，是否构成犯罪？

解析

我国《刑法》第139条之一明确规定了不报、谎报安全事故罪。不报、谎报安全事故罪，即行为人作为负有报告义务的人员，在安全

事故发生后，瞒报或者谎报事故情况，情节严重的犯罪。对安全事故具有报告职责的人员，如单位的负责人、实际控制人等可构成此罪，单位本身不会构成此罪。此外，只有在情节严重的情况下，才构成犯罪。最高人民法院、最高人民检察院《关于办理危害生产安全刑事案件适用法律若干问题的解释》第8条具体界定了情节严重的情形。

在上面的案例中，黄某、A煤矿矿长等主管人员明知存在违规操作，且产生了安全事故，却采用隐匿尸体、转移伤员等方式企图瞒报事故情况，其行为情节严重，已经构成不报、谎报安全事故罪，应当承担相应的刑事责任。

在安全生产领域，相关主管人员对安全事故的及时上报既是国家法律、法规的要求，也是能够及时更好处理事故的必要措施，如相关人员为了逃避责任、一己私利而瞒报或谎报，不仅将造成更严重的事故后果，自身也将得到相应的法律惩罚。

依据

《中华人民共和国刑法》第139条之一

最高人民法院、最高人民检察院《关于办理危害生产安全刑事案件适用法律若干问题的解释》第8条

94 拒不执行法院判决的，是否构成犯罪？

疑惑

就甲公司与乙公司的买卖合同纠纷，法院已经作出民事判决，判决解除合同，并由甲公司自判决书生效之日起15日内向乙公司支付900万元货款及利息，违约金90万元。判决生效后，甲公司并未按照法院生效判决履行还款义务，乙公司遂向法院申请了强制执行。法院在多次通知后，采取了限制甲公司法定代表人高消费、将甲公司列为失信被执行人等措施。甲公司虽期间有过几次款项出入、资金往来，却仍不履行判决书义务，从而给乙公司造成很大的损失。请问，拒不执行法院判决的，是否还会构成犯罪？甲公司是否构成犯罪？

解析

我国《刑法》第313条之一明确规定了拒不执行判决、裁定罪。拒不执行判决、裁定罪，即行为人在有能力执行法院判决裁定的情况下，拒不执行法院判决裁定且情节严重的犯罪。个人和单位均可构成本罪。构成本罪要求行为人有能力执行判决、裁定，却拒绝执行，且情节严重。如果行为人不具有执行判决、裁定的能力而导致无法执行的，不成立本罪。对于如何算“情节严重”，可参看全国人民代表大会常务委员会《关于〈中华人民共和国刑法〉第三百一十三条的解释》和最高人民法院《关于审理拒不执行判决、裁定刑事案件适用法律若干问题的解释》中的规定。

在上面的案例中，甲公司在判决后虽自身仍有款项出入、资金往来，并多次收到法院的履行通知，甚至在法院采取了多种限制措施的情况下，却仍然不履行生效判决书所确定的义务，并且导致乙公司遭受很大的损失。其行为是否已经构成了拒不执行判决、裁定罪，要根据乙公司遭受的损失情况而定，如果作为债权人的乙公司遭受的是“重大损失”，那么甲公司构成犯罪，甲公司及相关主管人员应当承担相应的刑事责任。

依据

《中华人民共和国刑法》第 313 条

全国人民代表大会常务委员会《关于〈中华人民共和国刑法〉第三百一十三条的解释》

最高人民法院《关于审理拒不执行判决、裁定刑事案件适用法律若干问题的解释》第 2 条

CHAPTER

9

第九章

其他

95 在山林里开垦一块区域用于旅游开发，违法吗？

疑惑

某县地处山区，交通较为不便，整体经济水平也比较落后。为了使本地的经济得到发展，该县政府计划在山区内开辟一片旅游区，发展旅游业。该县政府与某公司达成协议，由该公司负责该县的旅游开发计划。该公司前往山区进行实地考察后，认为山上风景优美，地势也相对来说比较平缓，非常适合建造旅游区。唯一不足的是，该县的山上有大片野生树林，必须砍倒以后才能开始施工。于是，该公司擅自将山上的大片树林砍倒，破坏了山上的植被分布。请问，该公司的行为是否违法？

解析

绿水青山就是金山银山，我们国家倡导保护、培育和合理利用森林资源，实现人与自然和谐相处的局面。为了遏制乱砍滥伐、违规开垦毁林毁草的现象，我国在许多法律中都对此作出了规定。根据我国《农业法》第 62 条和《森林法》第 39 条第 1 款的规定，我们国家禁止毁林毁草进行开垦，如果已经开垦的，应当逐步还林、还草，尽量恢复原本的生态环境。对于毁坏林木的行为，应当根据《森林法》第74条第1款的规定，由林业主管部门对其进行处罚。毁坏林木的单位或个人应当承担补种数目、恢复植被、接受罚款等法律责任。

在上面的案例中，该公司与该县政府达成协议，负责帮助该县发展旅游业。但是，该公司大肆砍伐树木，造成林木损坏。该公司的行为违反我国保护林木的规定，应当接受相应的处罚。

依据

《中华人民共和国农业法》第62条

《中华人民共和国森林法》第39条第1款、第74条第1款

96 企业在村里倾倒工业废料，可能要承担怎样的法律后果？

疑惑

2021年某乡镇电子厂产生的工业固体废物近10万吨，为了节约成本，该公司并没有委托有资质的公司进行处理，而是就近将工业废料直接转移到邻近村庄一处废弃厂房内。2022 年年初，该市环境监察支队执法人员在下沉乡镇督查时发现该电子厂东门厂区外沙井盖内存在蓝色异常水，经现场检测发现，水体 pH 呈酸性并含重金属铜离子。此外，该市环境监察支队委托某鉴定机构对该电子厂转移工业固体废物的区域进行土壤环境检测，结果显示该区域地下水和土壤中铜含量严重超标。该电子厂的行为已经对周边土壤和地下水造成严重污染。请问，企业在村里倾倒工业废料，可能要承担怎样的法律后果？

解析

根据我国《民法典》第 1234 条的规定，违反国家规定造成生态环境损害，生态环境能够修复的，国家规定的机关或者法律规定的组织有权请求侵权人在合理期限内承担修复责任。侵权人在期限内未修复的，国家规定的机关或者法律规定的组织可以自行或者委托他人进行修复，所需费用由侵权人承担。在该条中，“国家规定的机关或者法律规定的组织”主要包括检察机关，依法在设区的市级以上人民政府民政部门登记而且专门从事环境保护公益活动连续 5 年以上无违法记录的社会组织，省级、市地级政府及其指定的相关部门、机构等。

由此可见，行为人造成生态环境损害的，在生态环境能够修复的情况下要在合理期限内承担修复责任，或者支付修复费用。而在生态环境无法修复的情况下，也需要采用替代性修复的方式。同时，

《民法典》第1235条还规定了违反国家规定造成生态环境损害的，侵权人应该赔偿的具体损失和费用，如评估调查费用、清除污染费用等。

在上面的案例中，该电子厂作为排放有毒有害物质的单位，没有采取有效措施，防止有毒有害物质污染土壤，该电子厂的行为违反了法律的规定，没有尽到防止土壤污染的义务，应该承担相应的法律责任。

依据

《中华人民共和国民法典》第1234～1235条

97 哪些单位或人可以投保农业保险合同？

疑惑

在A县政府的大力扶持下，A县B乡成为当地的草莓种植基地，该乡草莓销往全国。B乡的不少村民从外回家，开始种植草莓，B乡还因此成立了农民专业合作社，为草莓的种植、销售保驾护航。但是，最近合作社的负责人老李很头疼，去年合作社的很多村民种植的草莓遭遇了虫害，产量大减。虽然最后请专家解决了虫害问题，但是还是没有挽回损失。他了解到，有一种“农业保险”可以对村民们遭受的自然灾害、意外事故进行投保。请问，哪些单位或人可以投保农业保险合同？

解析

根据我国《农业保险条例》第 2 条、第 10 条的规定，农业保险可以对被保险人在种植业、林业、畜牧业和渔业生产中发生的意外事故、自然灾害、疫病、疾病等事故造成的损失进行赔偿。而在上面的案例中，老李正是想要对农村合作社的农民因种植草莓而可能发生的意外事故和自然灾害进行预防，是可以引导农民选择投保农业保险的。至于农业保险的具体投保人，根据该条例第 10 条的规定，可以是农民自己，也可以是农业生产经营组织、村民委员会等单位。同时，根据该条例第 10 条第 2 款的规定，如果是农业生产经营组织、村民委员会等单位组织老李等村民投保的，保险机构不仅应当制定投保清单，列明被保险人的投保信息，并由被保险人签字确认，还应当将对于村民的承保情况予以公示，让村民们了解保险事宜。

依据

《农业保险条例》第 2 条、第 10 条

98 在农业保险合同有效期内，保险公司要涨保费，合法吗？

疑惑

老张是A村的村民。A村正在大力倡导产业扶贫，通过帮助村民们种植羊肚菌脱贫。老张在村委会的宣传和村里驻点专家的教授下，用自家的10亩地种植了羊肚菌。老张种植羊肚菌投入了不少钱，怕在种植过程中羊肚菌遭遇自然灾害或者虫害等事故，赔得血本无归。于是，老张在村委会的建议下，在某保险公司为羊肚菌购买了农业保险。购买保险后不久，保险公司突然联系老张说，邻村的羊肚菌生病了，大量减产，经保险公司评估，老张今年需要为羊肚菌多交保费500元。老张认为，自己和保险公司之前已经签订了农业保险合同，已经缴纳了保险，合同目前在有效期内，保险公司不能随意要求涨保费。老张的想法正确吗？

解析

在保险公司和投保人签订保险合同时，保险公司会妥善评估保险标的的危险程度和可能遇到的危险，从而确定合理的保费。但是，在已经签订保险合同后，保险公司有权因为保险标的的危险程度发生变化而要求投保人增加保费吗？对此，我国《农业保险条例》有明确的规定，根据该条例第 11 条的规定，如果投保人和保险公司已经签订保险合同，在农业保险合同的有效期内，保险机构无权因为保险标的的危险程度的变化而增加保险费用。

在上面的案例中，老张的想法是正确的，老张和该保险机构签订了农业保险合同，缴纳了保费，且该农业保险合同还在有效期内。该保险公司不能因为邻村的羊肚菌生病，老张种植的羊肚菌也可能生病而要求老张多缴纳保费，这是不合法的，老张可以拒绝该保险公司的要求。

依据

《农业保险条例》第 11 条

99 保险机构和被保险人达成赔偿协议后，保险金最迟应在多久内给付？

疑惑

2021 年春天，老杨为了陪伴正在老家读高三的女儿，回家务农了。回到老家后，老杨发现现在已经改用机械化操作种植了，种植效率大大提高。于是，老杨承包了村里的不少闲置土地种植小麦，想多赚一些钱，为此，老杨还投入了自己在外打工的大半积蓄。但是不幸的是，2021 年秋天，村里遭受了虫灾，老杨的小麦大部分都绝收了。眼看着小麦赚不了钱，老杨很绝望。村主任老王找到老杨，说起之前在村主任的建议下，老杨曾经购买了一份农业保险，在这种情况下，保险公司是会赔付老杨的损失的。老杨欣喜若狂。但是，老杨想知道他多久能拿到这笔钱？

解析

如果投保人和保险机构在签订的保险合同之后，保险标的发生了保险合同约定的自然灾害、意外事故、疫病、疾病等造成保险标的财产损失，保险机构应当赔偿。那么，一般保险机构会多久赔偿被保险人的财产损失呢？根据《农业保险条例》第 14 条的规定，如果在农业保险合同之中，对赔偿保险金的期限有约定的，应当按照约定赔偿。如果没有约定的，保险机构应当在和被保险人达成协议之后 10 日内支付保险金给被保险人。

在上面的案例中，老杨为自己种植的小麦投保了农业保险，在遭受到虫灾之后，老杨的小麦绝收了，老杨可以向保险机构要求赔偿自己遭受虫害的损失。具体保险金支付的时间，老杨可以查阅其与保险机构签订的保险合同，如果保险合同有约定，保险机构就应该按照约定的时间支付赔偿金；如果没有约定，保险机构在老杨和保险机构达成赔偿协议的10日内,应当将保险金支付给老杨。

依据

《农业保险条例》第14条

100 开办养鸡场应当具备哪些动物防疫措施?

疑惑

受新冠肺炎疫情影响,老于外出工作很不顺利,于是决定留在村里,和亲戚投资开办一个有些规模的养鸡场。老于在向村委会提出帮助其向信用社申请贷款时,被村主任问及在哪里选址。老于觉得自己家在村子的最边上,在自家旁边修建养鸡场最合适。但是村主任觉得不合适,他告诉老于,养鸡场不能修建在村民生活区附近。同时,养鸡场还应当遵行动物防疫措施,老于应当详细了解这些政策之后,三思而后行。请问,开办养鸡场应当遵行哪些动物防疫措施?

解析

作为我国农业的重要组成部分,养殖业的健康发展对农民致富增收有着重要的意义。而动物疫病的发生,不仅会使这些畜产品价格波动,一些人畜共患传染病还会对动物和人的健康造成威胁。因此,我国对畜牧养殖中的动物防疫工作十分看重。对此,我国《动物防疫法》第24条明确规定了动物饲养所应当具备以下防疫条件:(1)场所的位置与居民生活区、生活饮用水水源地、学校、医院等公共场所的距离符合国务院农业农村主管部门的规定;(2)生产经营区域封闭隔离,工程设计和有关流程符合动物防疫要求;(3)有与其规模相适应的污水、污物处理设施,病死动物、病害动物产品无害化处理设施设备或者冷藏冷冻设施设备,以及清洗消毒设施设备;(4)有与其规模相适应的执业兽医或者动物防疫技术人员;(5)有完善的隔离消毒、购销台账、日常巡查等动物防疫制度;(6)具备国务院农业农村主管部门规定的其他动物防疫条件。同时,根据该法第25条的规定,我国实行动物防疫条件审查制度,如果未取得动物防疫证就开办养殖场的,根据该法第98条的规定,可能会被县级以上地方人民政府农业农村主管部门处以责令改正,处3000元以上3万元以下罚款,情节严重的,还可能被处以责令停业整顿,处3万元以上10万元以下罚款。

在上面的案例中,老于开办养鸡场时,应当选择合适的场所,该场所应当和居民生活区、生活饮用水水源地、学校、医院等公共场所有一定的距离，并且符合防疫的其他条件。

依据

《中华人民共和国动物防疫法》第 24 ~ 25 条、第 98 条

APPENDIX

附　录

中华人民共和国乡镇企业法

（1996年10月29日第八届全国人民代表大会常务委员会第二十二次会议通过）

第一条 为了扶持和引导乡镇企业持续健康发展，保护乡镇企业的合法权益，规范乡镇企业的行为，繁荣农村经济，促进社会主义现代化建设，制定本法。

第二条 本法所称乡镇企业，是指农村集体经济组织或者农民投资为主，在乡镇（包括所辖村）举办的承担支援农业义务的各类企业。

前款所称投资为主，是指农村集体经济组织或者农民投资超过百分之五十，或者虽不足百分之五十，但能起到控股或者实际支配作用。

乡镇企业符合企业法人条件的，依法取得企业法人资格。

第三条 乡镇企业是农村经济的重要支柱和国民经济的重要组成部分。

乡镇企业的主要任务是，根据市场需要发展商品生产，提供社会服务，增加社会有效供给，吸收农村剩余劳动力，提高农民收入，支援农业，推进农业和农村现代化，促进国民经济和社会事业发展。

第四条 发展乡镇企业，坚持以农村集体经济为主导，多种经济成分共同发展的原则。

第五条 国家对乡镇企业积极扶持、合理规划、分类指导、依法管理。

第六条 国家鼓励和重点扶持经济欠发达地区、少数民族地区发展乡镇企业，鼓励经济发达地区的乡镇企业或者其他经济组织采取多种形式支持经济欠发达地区和少数民族地区举办乡镇企业。

第七条 国务院乡镇企业行政管理部门和有关部门按照各自的职责对全国的乡镇企业进行规划、协调、监督、服务；县级以上地方各级人民政府乡镇企业行政管理部门和有关部门按照各自的职责对本行政区域内的乡镇企业进行规划、协调、监督、服务。

第八条 经依法登记设立的乡镇企业，应当向当地乡镇企业行政管理部门办理登记备案手续。

乡镇企业改变名称，住所或者分立、合并、停业、终止等，依法办理变更登记、设立登记或者注销登记后，应当报乡镇企业行政管理部门备案。

第九条 乡镇企业在城市设立的分支机构，或者农村集体经济组织在城市开办的并承担支援农业义务的企业，按照乡镇企业对待。

第十条 农村集体经济组织投资设立的乡镇企业，其企业财产权属于设立该企业的全体农民集体所有。

农村集体经济组织与其他企业、组织或者个人共同投资设立的乡镇企业，其企业财产权按照出资份额属于投资者所有。

农民合伙或者单独投资设立的乡镇企业，其企业财产权属于投资者所有。

第十一条 乡镇企业依法实行独立核算，自主经营，自负盈亏。

具有企业法人资格的乡镇企业，依法享有法人财产权。

第十二条 国家保护乡镇企业的合法权益；乡镇企业的合法财产不受侵犯。

任何组织或者个人不得违反法律、行政法规干预乡镇企业的生产经营，撤换企业负责人；不得非法占有或者无偿使用乡镇企业的财产。

第十三条 乡镇企业按照法律、行政法规规定的企业形式设立，投资者依照有关法律、行政法规决定企业的重大事项，建立经营管理制度，依法享有权利和承担义务。

第十四条 乡镇企业依法实行民主管理，投资者在确定企业经营管理制度和企业负责人，作出重大经营决策和决定职工工资、生活福利、劳动保护、劳动安全等重大问题时，应当听取本企业工会或者职工的意见，实施情况要定期向职工公布，接受职工监督。

第十五条 国家鼓励有条件的地区建立、健全乡镇企业职工社会保险制度。

第十六条 乡镇企业停业、终止，已经建立社会保险制度的，按照有关规定安排职工；依法订立劳动合同的，按照合同的约定办理。原属于农村集体经济组织的职工有权返回农村集体经济组织从事生产，或者由职工自谋职业。

第十七条 乡镇企业从税后利润中提取一定比例的资金用于支援农业和农村社会性支出，其比例和管理使用办法由省、自治区、直辖市人民政府规定。

除法律、行政法规另有规定外，任何机关、组织或者个人不得以任何方式向乡镇企业收取费用，进行摊派。

第十八条 国家根据乡镇企业发展的情况，在一定时期内对乡镇企业减征一定比例的税收。减征税收的税种、期限和比例由国务院规定。

第十九条 国家对符合下列条件之一的中小型乡镇企业，根据不同情况实行一定期限的税收优惠：

(一)集体所有制乡镇企业开办初期经营确有困难的；

(二)设立在少数民族地区、边远地区和贫困地区的；

(三)从事粮食、饲料、肉类的加工、贮存、运销经营的；

(四)国家产业政策规定需要特殊扶持的。

前款税收优惠的具体办法由国务院规定。

第二十条 国家运用信贷手段，鼓励和扶持乡镇企业发展。对于符合前条规定条件之一并且符合贷款条件的乡镇企业，国家有关金融机构可以给予优先贷款，对其中生产资金困难且有发展前途的可以给予优惠贷款。

前款优先贷款、优惠贷款的具体办法由国务院规定。

第二十一条 县级以上人民政府依照国家有关规定，可以设立乡镇企业发

展基金。基金由下列资金组成:

(一)政府拨付的用于乡镇企业发展的周转金;

(二)乡镇企业每年上缴地方税金增长部分中一定比例的资金;

(三)基金运用产生的收益;

(四)农村集体经济组织、乡镇企业、农民等自愿提供的资金。

第二十二条 乡镇企业发展基金专门用于扶持乡镇企业发展,其使用范围如下:

(一)支持少数民族地区、边远地区和贫困地区发展乡镇企业;

(二)支持经济欠发达地区、少数民族地区与经济发达地区的乡镇企业之间进行经济技术合作和举办合资项目;

(三)支持乡镇企业按照国家产业政策调整产业结构和产品结构;

(四)支持乡镇企业进行技术改造,开发名特优新产品和生产传统手工艺产品;

(五)发展生产农用生产资料或者直接为农业生产服务的乡镇企业;

(六)发展从事粮食、饲料、肉类的加工、贮存、运销经营的乡镇企业;

(七)支持乡镇企业职工的职业教育和技术培训;

(八)其他需要扶持的项目。

乡镇企业发展基金的设立和使用管理办法由国务院规定。

第二十三条 国家积极培养乡镇企业人才,鼓励科技人员、经营管理人员及大中专毕业生到乡镇企业工作,通过多种方式为乡镇企业服务。

乡镇企业通过多渠道、多形式培训技术人员、经营管理人员和生产人员,并采取优惠措施吸引人才。

第二十四条 国家采取优惠措施,鼓励乡镇企业同科研机构、高等院校、国有企业及其他企业、组织之间开展各种形式的经济技术合作。

第二十五条 国家鼓励乡镇企业开展对外经济技术合作与交流,建设出口商品生产基地,增加出口创汇。

具备条件的乡镇企业依法经批准可以取得对外贸易经营权。

第二十六条 地方各级人民政府按照统一规划、合理布局的原则,将发展乡镇企业同小城镇建设相结合,引导和促进乡镇企业适当集中发展,逐步加强基础设施和服务设施建设,以加快小城镇建设。

第二十七条 乡镇企业应当按照市场需要和国家产业政策,合理调整产业结构和产品结构,加强技术改造,不断采用先进的技术、生产工艺和设备,提高企业经营管理水平。

第二十八条 举办乡镇企业,其建设用地应当符合土地利用总体规划,严格控制、合理利用和节约使用土地,凡有荒地、劣地可以利用的,不得占用耕地、好地。

举办乡镇企业使用农村集体所有的土地的,应当依照法律、法规的规定,办理有关用地批准手续和土地登记手续。

乡镇企业使用农村集体所有的土地,连续闲置两年以上或者因停办闲置一年以上的,应当由原土地所有者收回该土地使用权,重新安排使用。

第二十九条 乡镇企业应当依法合理开发和使用自然资源。

乡镇企业从事矿产资源开采,必须依照有关法律规定,经有关部门批准,取得采矿许可证、生产许可证,实行正规作业,防止资源浪费,严禁破坏资源。

第三十条 乡镇企业应当按照国家有关规定,建立财务会计制度,加强财务管理,依法设置会计帐册,如实记录财务活动。

第三十一条 乡镇企业必须按照国家统计制度,如实报送统计资料。对于违反国家规定制发的统计调查报表,乡镇企业有权拒绝填报。

第三十二条 乡镇企业应当依法办理税务登记,按期进行纳税申报,足额缴纳税款。

各级人民政府应当依法加强乡镇企业的税收管理工作,有关管理部门不得超越管理权限对乡镇企业减免税。

第三十三条 乡镇企业应当加强产品质量管理,努力提高产品质量;生产和销售的产品必须符合保障人体健康,人身、财产安全的国家标准和行业标准;不得生产、销售失效、变质产品和国家明令淘汰的产品;不得在产品中掺杂、掺假,以假充真,以次充好。

第三十四条 乡镇企业应当依法使用商标,重视企业信誉;按照国家规定,制作所生产经营的商品标识,不得伪造产品的产地或者伪造、冒用他人厂名、厂址和认证标志、名优标志。

第三十五条 乡镇企业必须遵守有关环境保护的法律、法规,按照国家产业政策,在当地人民政府的统一指导下,采取措施,积极发展无污染、少污染和低资源消耗的企业,切实防治环境污染和生态破坏,保护和改善环境。

地方人民政府应当制定和实施乡镇企业环境保护规划,提高乡镇企业防治污染的能力。

第三十六条 乡镇企业建设对环境有影响的项目,必须严格执行环境影响评价制度。

乡镇企业建设项目中防治污染的设施,必须与主体工程同时设计、同时施工、同时投产使用。防治污染的设施必须经环境保护行政主管部门验收合格后,该建设项目方可投入生产或者使用。

乡镇企业不得采用或者使用国家明令禁止的严重污染环境的生产工艺和设备;不得生产和经营国家明令禁止的严重污染环境的产品。排放污染物超过国家或者地方规定标准,严重污染环境的,必须限期治理,逾期未完成治理任务的,依法关闭、停产或者转产。

第三十七条 乡镇企业必须遵守有关劳动保护、劳动安全的法律、法规,认真贯彻执行安全第一、预防为主的方针,采取有效的劳动卫生技术措施和管理措施,防止生产伤亡事故和职业病的发生;对危害职工安全的事故隐患,应当限期解决或者停产整顿。严禁管理者违章指挥,强令职工冒险作业。发生生产伤亡事故,应当采取积极抢救措施,依法妥善处理,并向有关部门报告。

第三十八条 违反本法规定,有下列行为之一的,由县级以上人民政府乡镇企业行政管理部门责令改正:

(一)非法改变乡镇企业所有权的;

(二)非法占有或者无偿使用乡镇企业财产的;

(三)非法撤换乡镇企业负责人的;

(四)侵犯乡镇企业自主经营权的。

前款行为给乡镇企业造成经济损失的,应当依法赔偿。

第三十九条 乡镇企业有权向审计、监察、财政、物价和乡镇企业行政管理部门控告、检举向企业非法收费、摊派或者罚款的单位和个人。有关部门和上级机关应当责令责任人停止其行为,并限期归还有关财物。对直接责任人员,有关部门可以根据情节轻重,给予相应的处罚。

第四十条 乡镇企业违反国家产品质量、环境保护、土地管理、自然资源开发、劳动安全、税收及其他有关法律、法规的,除依照有关法律、法规处理外,在其改正之前,应当根据情节轻重停止其享受本法规定的部分或者全部优惠。

第四十一条 乡镇企业违反本法规定,不承担支援农业义务的,由乡镇企业行政主管部门责令改正,在其改正之前,可以停止其享受本法规定的部分或者全部优惠。

第四十二条 对依照本法第三十八条至第四十一条规定所作处罚、处理决定不服的,当事人可以依法申请行政复议、提起诉讼。

第四十三条 本法自 1997 年 1 月 1 日起施行。

中华人民共和国农民专业合作社法

(2006年10月31日第十届全国人民代表大会常务委员会第二十四次会议通过　2017年12月27日第十二届全国人民代表大会常务委员会第三十一次会议修订)

第一章　总　　则

第一条　为了规范农民专业合作社的组织和行为,鼓励、支持、引导农民专业合作社的发展,保护农民专业合作社及其成员的合法权益,推进农业农村现代化,制定本法。

第二条　本法所称农民专业合作社,是指在农村家庭承包经营基础上,农产品的生产经营者或者农业生产经营服务的提供者、利用者,自愿联合、民主管理的互助性经济组织。

第三条　农民专业合作社以其成员为主要服务对象,开展以下一种或者多种业务:

(一)农业生产资料的购买、使用;

(二)农产品的生产、销售、加工、运输、贮藏及其他相关服务;

(三)农村民间工艺及制品、休闲农业和乡村旅游资源的开发经营等;

(四)与农业生产经营有关的技术、信息、设施建设运营等服务。

第四条　农民专业合作社应当遵循下列原则:

(一)成员以农民为主体;

(二)以服务成员为宗旨,谋求全体成员的共同利益;

(三)入社自愿、退社自由;

(四)成员地位平等,实行民主管理;

(五)盈余主要按照成员与农民专业合作社的交易量(额)比例返还。

第五条 农民专业合作社依照本法登记,取得法人资格。

农民专业合作社对由成员出资、公积金、国家财政直接补助、他人捐赠以及合法取得的其他资产所形成的财产,享有占有、使用和处分的权利,并以上述财产对债务承担责任。

第六条 农民专业合作社成员以其账户内记载的出资额和公积金份额为限对农民专业合作社承担责任。

第七条 国家保障农民专业合作社享有与其他市场主体平等的法律地位。

国家保护农民专业合作社及其成员的合法权益,任何单位和个人不得侵犯。

第八条 农民专业合作社从事生产经营活动,应当遵守法律,遵守社会公德、商业道德,诚实守信,不得从事与章程规定无关的活动。

第九条 农民专业合作社为扩大生产经营和服务的规模,发展产业化经营,提高市场竞争力,可以依法自愿设立或者加入农民专业合作社联合社。

第十条 国家通过财政支持、税收优惠和金融、科技、人才的扶持以及产业政策引导等措施,促进农民专业合作社的发展。

国家鼓励和支持公民、法人和其他组织为农民专业合作社提供帮助和服务。

对发展农民专业合作社事业做出突出贡献的单位和个人,按照国家有关规定予以表彰和奖励。

第十一条 县级以上人民政府应当建立农民专业合作社工作的综合协调机制,统筹指导、协调、推动农民专业合作社的建设和发展。

县级以上人民政府农业主管部门、其他有关部门和组织应当依据各自职责,对农民专业合作社的建设和发展给予指导、扶持和服务。

第二章　设立和登记

第十二条　设立农民专业合作社,应当具备下列条件:

(一)有五名以上符合本法第十九条、第二十条规定的成员;

(二)有符合本法规定的章程;

(三)有符合本法规定的组织机构;

(四)有符合法律、行政法规规定的名称和章程确定的住所;

(五)有符合章程规定的成员出资。

第十三条　农民专业合作社成员可以用货币出资,也可以用实物、知识产权、土地经营权、林权等可以用货币估价并可以依法转让的非货币财产,以及章程规定的其他方式作价出资;但是,法律、行政法规规定不得作为出资的财产除外。

农民专业合作社成员不得以对该社或者其他成员的债权,充抵出资;不得以缴纳的出资,抵销对该社或者其他成员的债务。

第十四条　设立农民专业合作社,应当召开由全体设立人参加的设立大会。设立时自愿成为该社成员的人为设立人。

设立大会行使下列职权:

(一)通过本社章程,章程应当由全体设立人一致通过;

(二)选举产生理事长、理事、执行监事或者监事会成员;

(三)审议其他重大事项。

第十五条　农民专业合作社章程应当载明下列事项:

(一)名称和住所;

(二)业务范围;

（三）成员资格及入社、退社和除名；

（四）成员的权利和义务；

（五）组织机构及其产生办法、职权、任期、议事规则；

（六）成员的出资方式、出资额，成员出资的转让、继承、担保；

（七）财务管理和盈余分配、亏损处理；

（八）章程修改程序；

（九）解散事由和清算办法；

（十）公告事项及发布方式；

（十一）附加表决权的设立、行使方式和行使范围；

（十二）需要载明的其他事项。

第十六条　设立农民专业合作社，应当向工商行政管理部门提交下列文件，申请设立登记：

（一）登记申请书；

（二）全体设立人签名、盖章的设立大会纪要；

（三）全体设立人签名、盖章的章程；

（四）法定代表人、理事的任职文件及身份证明；

（五）出资成员签名、盖章的出资清单；

（六）住所使用证明；

（七）法律、行政法规规定的其他文件。

登记机关应当自受理登记申请之日起二十日内办理完毕，向符合登记条件的申请者颁发营业执照，登记类型为农民专业合作社。

农民专业合作社法定登记事项变更的，应当申请变更登记。

登记机关应当将农民专业合作社的登记信息通报同级农业等有关部门。

农民专业合作社登记办法由国务院规定。办理登记不得收取费用。

第十七条　农民专业合作社应当按照国家有关规定，向登记机关报送年度报告,并向社会公示。

第十八条 农民专业合作社可以依法向公司等企业投资,以其出资额为限对所投资企业承担责任。

第三章 成 员

第十九条 具有民事行为能力的公民,以及从事与农民专业合作社业务直接有关的生产经营活动的企业、事业单位或者社会组织,能够利用农民专业合作社提供的服务,承认并遵守农民专业合作社章程,履行章程规定的入社手续的,可以成为农民专业合作社的成员。但是,具有管理公共事务职能的单位不得加入农民专业合作社。

农民专业合作社应当置备成员名册,并报登记机关。

第二十条 农民专业合作社的成员中,农民至少应当占成员总数的百分之八十。

成员总数二十人以下的,可以有一个企业、事业单位或者社会组织成员;成员总数超过二十人的,企业、事业单位和社会组织成员不得超过成员总数的百分之五。

第二十一条 农民专业合作社成员享有下列权利:

(一)参加成员大会,并享有表决权、选举权和被选举权,按照章程规定对本社实行民主管理;

(二)利用本社提供的服务和生产经营设施;

(三)按照章程规定或者成员大会决议分享盈余;

(四)查阅本社的章程、成员名册、成员大会或者成员代表大会记录、理事会会议决议、监事会会议决议、财务会计报告、会计账簿和财务审计报告;

(五)章程规定的其他权利。

第二十二条 农民专业合作社成员大会选举和表决,实行一人一票制,成员各享有一票的基本表决权。

出资额或者与本社交易量(额)较大的成员按照章程规定,可以享有附加表决权。本社的附加表决权总票数,不得超过本社成员基本表决权总票数的百分之二十。享有附加表决权的成员及其享有的附加表决权数,应当在每次成员大会召开时告知出席会议的全体成员。

第二十三条 农民专业合作社成员承担下列义务:

(一)执行成员大会、成员代表大会和理事会的决议;

(二)按照章程规定向本社出资;

(三)按照章程规定与本社进行交易;

(四)按照章程规定承担亏损;

(五)章程规定的其他义务。

第二十四条 符合本法第十九条、第二十条规定的公民、企业、事业单位或者社会组织,要求加入已成立的农民专业合作社,应当向理事长或者理事会提出书面申请,经成员大会或者成员代表大会表决通过后,成为本社成员。

第二十五条 农民专业合作社成员要求退社的,应当在会计年度终了的三个月前向理事长或者理事会提出书面申请;其中,企业、事业单位或者社会组织成员退社,应当在会计年度终了的六个月前提出;章程另有规定的,从其规定。退社成员的成员资格自会计年度终了时终止。

第二十六条 农民专业合作社成员不遵守农民专业合作社的章程、成员大会或者成员代表大会的决议,或者严重危害其他成员及农民专业合作社利益的,可以予以除名。

成员的除名,应当经成员大会或者成员代表大会表决通过。

在实施前款规定时,应当为该成员提供陈述意见的机会。

被除名成员的成员资格自会计年度终了时终止。

第二十七条 成员在其资格终止前与农民专业合作社已订立的合同,应当继续履行;章程另有规定或者与本社另有约定的除外。

第二十八条 成员资格终止的,农民专业合作社应当按照章程规定的方式和期限,退还记载在该成员账户内的出资额和公积金份额;对成员资格终止前的可分配盈余,依照本法第四十四条的规定向其返还。

资格终止的成员应当按照章程规定分摊资格终止前本社的亏损及债务。

第四章 组织机构

第二十九条 农民专业合作社成员大会由全体成员组成,是本社的权力机构,行使下列职权:

(一)修改章程;

(二)选举和罢免理事长、理事、执行监事或者监事会成员;

(三)决定重大财产处置、对外投资、对外担保和生产经营活动中的其他重大事项;

(四)批准年度业务报告、盈余分配方案、亏损处理方案;

(五)对合并、分立、解散、清算,以及设立、加入联合社等作出决议;

(六)决定聘用经营管理人员和专业技术人员的数量、资格和任期;

(七)听取理事长或者理事会关于成员变动情况的报告,对成员的入社、除名等作出决议;

(八)公积金的提取及使用;

(九)章程规定的其他职权。

第三十条 农民专业合作社召开成员大会,出席人数应当达到成员总数三分之二以上。

成员大会选举或者作出决议,应当由本社成员表决权总数过半数通过;作出修改章程或者合并、分立、解散，以及设立、加入联合社的决议应当由本社成员表决权总数的三分之二以上通过。章程对表决权数有较高规定的，从其规定。

第三十一条　农民专业合作社成员大会每年至少召开一次，会议的召集由章程规定。有下列情形之一的，应当在二十日内召开临时成员大会：

（一）百分之三十以上的成员提议；

（二）执行监事或者监事会提议；

（三）章程规定的其他情形。

第三十二条　农民专业合作社成员超过一百五十人的，可以按照章程规定设立成员代表大会。成员代表大会按照章程规定可以行使成员大会的部分或者全部职权。

依法设立成员代表大会的，成员代表人数一般为成员总人数的百分之十，最低人数为五十一人。

第三十三条　农民专业合作社设理事长一名，可以设理事会。理事长为本社的法定代表人。

农民专业合作社可以设执行监事或者监事会。理事长、理事、经理和财务会计人员不得兼任监事。

理事长、理事、执行监事或者监事会成员，由成员大会从本社成员中选举产生，依照本法和章程的规定行使职权，对成员大会负责。

理事会会议、监事会会议的表决，实行一人一票。

第三十四条　农民专业合作社的成员大会、成员代表大会、理事会、监事会，应当将所议事项的决定作成会议记录，出席会议的成员、成员代表、理事、监事应当在会议记录上签名。

第三十五条　农民专业合作社的理事长或者理事会可以按照成员大会的决定聘任经理和财务会计人员，理事长或者理事可以兼任经理。经理按照章程规定或者理事会的决定，可以聘任其他人员。

经理按照章程规定和理事长或者理事会授权,负责具体生产经营活动。

第三十六条 农民专业合作社的理事长、理事和管理人员不得有下列行为:

(一)侵占、挪用或者私分本社资产;

(二)违反章程规定或者未经成员大会同意,将本社资金借贷给他人或者以本社资产为他人提供担保;

(三)接受他人与本社交易的佣金归为己有;

(四)从事损害本社经济利益的其他活动。

理事长、理事和管理人员违反前款规定所得的收入,应当归本社所有;给本社造成损失的,应当承担赔偿责任。

第三十七条 农民专业合作社的理事长、理事、经理不得兼任业务性质相同的其他农民专业合作社的理事长、理事、监事、经理。

第三十八条 执行与农民专业合作社业务有关公务的人员,不得担任农民专业合作社的理事长、理事、监事、经理或者财务会计人员。

第五章 财务管理

第三十九条 农民专业合作社应当按照国务院财政部门制定的财务会计制度进行财务管理和会计核算。

第四十条 农民专业合作社的理事长或者理事会应当按照章程规定,组织编制年度业务报告、盈余分配方案、亏损处理方案以及财务会计报告,于成员大会召开的十五日前,置备于办公地点,供成员查阅。

第四十一条 农民专业合作社与其成员的交易、与利用其提供的服务的非成员的交易,应当分别核算。

第四十二条 农民专业合作社可以按照章程规定或者成员大会决议从当年盈余中提取公积金。公积金用于弥补亏损、扩大生产经营或者转为成员出资。

每年提取的公积金按照章程规定量化为每个成员的份额。

第四十三条 农民专业合作社应当为每个成员设立成员账户,主要记载下列内容:

(一)该成员的出资额;

(二)量化为该成员的公积金份额;

(三)该成员与本社的交易量(额)。

第四十四条 在弥补亏损、提取公积金后的当年盈余,为农民专业合作社的可分配盈余。可分配盈余主要按照成员与本社的交易量(额)比例返还。

可分配盈余按成员与本社的交易量(额)比例返还的返还总额不得低于可分配盈余的百分之六十;返还后的剩余部分,以成员账户中记载的出资额和公积金份额,以及本社接受国家财政直接补助和他人捐赠形成的财产平均量化到成员的份额,按比例分配给本社成员。

经成员大会或者成员代表大会表决同意,可以将全部或者部分可分配盈余转为对农民专业合作社的出资,并记载在成员账户中。

具体分配办法按照章程规定或者经成员大会决议确定。

第四十五条 设立执行监事或者监事会的农民专业合作社,由执行监事或者监事会负责对本社的财务进行内部审计,审计结果应当向成员大会报告。

成员大会也可以委托社会中介机构对本社的财务进行审计。

第六章 合并、分立、解散和清算

第四十六条 农民专业合作社合并,应当自合并决议作出之日起十日内通知债权人。合并各方的债权、债务应当由合并后存续或者新设的组织承继。

第四十七条 农民专业合作社分立,其财产作相应的分割,并应当自分立决议作出之日起十日内通知债权人。分立前的债务由分立后的组织承担连带责任。但是,在分立前与债权人就债务清偿达成的书面协议另有约定的除外。

第四十八条 农民专业合作社因下列原因解散:

(一)章程规定的解散事由出现;

(二)成员大会决议解散;

(三)因合并或者分立需要解散;

(四)依法被吊销营业执照或者被撤销。

因前款第一项、第二项、第四项原因解散的,应当在解散事由出现之日起十五日内由成员大会推举成员组成清算组,开始解散清算。逾期不能组成清算组的,成员、债权人可以向人民法院申请指定成员组成清算组进行清算,人民法院应当受理该申请,并及时指定成员组成清算组进行清算。

第四十九条 清算组自成立之日起接管农民专业合作社,负责处理与清算有关未了结业务,清理财产和债权、债务,分配清偿债务后的剩余财产,代表农民专业合作社参与诉讼、仲裁或者其他法律程序,并在清算结束时办理注销登记。

第五十条 清算组应当自成立之日起十日内通知农民专业合作社成员和债权人,并于六十日内在报纸上公告。债权人应当自接到通知之日起三十日内,未接到通知的自公告之日起四十五日内,向清算组申报债权。如果在规定期间内全部成员、债权人均已收到通知,免除清算组的公告义务。

债权人申报债权,应当说明债权的有关事项,并提供证明材料。清算组应当对债权进行审查、登记。

在申报债权期间,清算组不得对债权人进行清偿。

第五十一条 农民专业合作社因本法第四十八条第一款的原因解散,或者人民法院受理破产申请时,不能办理成员退社手续。

第五十二条 清算组负责制定包括清偿农民专业合作社员工的工资及社会保险费用,清偿所欠税款和其他各项债务,以及分配剩余财产在内的清算方案,经成员大会通过或者申请人民法院确认后实施。

清算组发现农民专业合作社的财产不足以清偿债务的,应当依法向人民法院申请破产。

第五十三条　农民专业合作社接受国家财政直接补助形成的财产,在解散、破产清算时,不得作为可分配剩余资产分配给成员,具体按照国务院财政部门有关规定执行。

第五十四条　清算组成员应当忠于职守,依法履行清算义务,因故意或者重大过失给农民专业合作社成员及债权人造成损失的,应当承担赔偿责任。

第五十五条　农民专业合作社破产适用企业破产法的有关规定。但是,破产财产在清偿破产费用和共益债务后,应当优先清偿破产前与农民成员已发生交易但尚未结清的款项。

第七章　农民专业合作社联合社

第五十六条　三个以上的农民专业合作社在自愿的基础上,可以出资设立农民专业合作社联合社。

农民专业合作社联合社应当有自己的名称、组织机构和住所,由联合社全体成员制定并承认的章程,以及符合章程规定的成员出资。

第五十七条　农民专业合作社联合社依照本法登记,取得法人资格,领取营业执照,登记类型为农民专业合作社联合社。

第五十八条　农民专业合作社联合社以其全部财产对该社的债务承担责任;农民专业合作社联合社的成员以其出资额为限对农民专业合作社联合社承担责任。

第五十九条　农民专业合作社联合社应当设立由全体成员参加的成员大会,其职权包括修改农民专业合作社联合社章程,选举和罢免农民专业合作社联合社理事长、理事和监事,决定农民专业合作社联合社的经营方案及盈余分配,决定对外投资和担保方案等重大事项。

农民专业合作社联合社不设成员代表大会,可以根据需要设立理事会、监事会或者执行监事。理事长、理事应当由成员社选派的人员担任。

第六十条 农民专业合作社联合社的成员大会选举和表决,实行一社一票。

第六十一条 农民专业合作社联合社可分配盈余的分配办法,按照本法规定的原则由农民专业合作社联合社章程规定。

第六十二条 农民专业合作社联合社成员退社,应当在会计年度终了的六个月前以书面形式向理事会提出。退社成员的成员资格自会计年度终了时终止。

第六十三条 本章对农民专业合作社联合社没有规定的,适用本法关于农民专业合作社的规定。

第八章 扶持措施

第六十四条 国家支持发展农业和农村经济的建设项目,可以委托和安排有条件的农民专业合作社实施。

第六十五条 中央和地方财政应当分别安排资金,支持农民专业合作社开展信息、培训、农产品标准与认证、农业生产基础设施建设、市场营销和技术推广等服务。国家对革命老区、民族地区、边疆地区和贫困地区的农民专业合作社给予优先扶助。

县级以上人民政府有关部门应当依法加强对财政补助资金使用情况的监督。

第六十六条 国家政策性金融机构应当采取多种形式,为农民专业合作社提供多渠道的资金支持。具体支持政策由国务院规定。

国家鼓励商业性金融机构采取多种形式,为农民专业合作社及其成员提供金融服务。

国家鼓励保险机构为农民专业合作社提供多种形式的农业保险服务。鼓励农民专业合作社依法开展互助保险。

第六十七条　农民专业合作社享受国家规定的对农业生产、加工、流通、服务和其他涉农经济活动相应的税收优惠。

第六十八条　农民专业合作社从事农产品初加工用电执行农业生产用电价格,农民专业合作社生产性配套辅助设施用地按农用地管理,具体办法由国务院有关部门规定。

第九章　法律责任

第六十九条　侵占、挪用、截留、私分或者以其他方式侵犯农民专业合作社及其成员的合法财产,非法干预农民专业合作社及其成员的生产经营活动,向农民专业合作社及其成员摊派,强迫农民专业合作社及其成员接受有偿服务,造成农民专业合作社经济损失的,依法追究法律责任。

第七十条　农民专业合作社向登记机关提供虚假登记材料或者采取其他欺诈手段取得登记的,由登记机关责令改正,可以处五千元以下罚款;情节严重的,撤销登记或者吊销营业执照。

第七十一条　农民专业合作社连续两年未从事经营活动的,吊销其营业执照。

第七十二条　农民专业合作社在依法向有关主管部门提供的财务报告等材料中,作虚假记载或者隐瞒重要事实的,依法追究法律责任。

第十章　附　　则

第七十三条　国有农场、林场、牧场、渔场等企业中实行承包租赁经营、从事农业生产经营或者服务的职工，兴办农民专业合作社适用本法。

第七十四条 本法自2018年7月1日起施行。

中华人民共和国乡村集体所有制企业条例

（1990年6月3日中华人民共和国国务院令第59号发布
根据2011年1月8日国务院令第588号《国务院关于
废止和修改部分行政法规的决定》修订）

第一章 总 则

第一条 为了保障乡村集体所有制企业的合法权益，引导其健康发展，制定本条例。

第二条 本条例适用于由乡（含镇，下同）村（含村民小组，下同）农民集体举办的企业。

农业生产合作社、农村供销合作社、农村信用社不适用本条例。

第三条 乡村集体所有制企业是我国社会主义公有制经济的组成部分。

国家对乡村集体所有制企业实行积极扶持，合理规划，正确引导，加强管理的方针。

第四条 乡村集体所有制企业的主要任务是：发展商品生产和服务业，满足社会日益增长的物质和文化生活的需要；调整农村产业结构，合理利用农村劳动力；支援农业生产和农村建设，增加国家财政和农民的收入；积极发展出口创汇生产;为大工业配套和服务。

第五条　国家保护乡村集体所有制企业的合法权益,禁止任何组织和个人侵犯其财产。

第六条　乡村集体所有制企业实行自主经营,独立核算,自负盈亏。

乡村集体所有制企业实行多种形式的经营责任制。

乡村集体所有制企业可以在不改变集体所有制性质的前提下,吸收投资入股。

第七条　国家鼓励和扶持乡村集体所有制企业采用先进适用的科学技术和经营管理方法,加速企业现代化。

第八条　国家鼓励和保护乡村集体所有制企业依照平等互利、自愿协商、等价有偿的原则,进行多种形式的经济技术合作。

第九条　国家鼓励和支持乡村集体所有制企业依法利用自然资源,因地制宜发展符合国家产业政策和市场需要的产业和产品,增加社会有效供给。

第十条　乡村集体所有制企业经依法审查,具备法人条件的,登记后取得法人资格,厂长(经理)为企业的法定代表人。

第十一条　乡村集体所有制企业职工有返回其所属的农民集体经济组织从事农业生产的权利。

第十二条　国务院乡镇企业行政主管部门主管全国乡村集体所有制企业。地方人民政府乡镇企业行政主管部门主管本行政区域内的乡村集体所有制企业(以下简称企业)。

第二章　企业的设立、变更和终止

第十三条　设立企业应当具备下列条件:

(一)产品和提供的服务为社会所需要,并符合国家法律、法规和政策规定;

（二）有自己的名称、组织机构和生产经营场所；

（三）有确定的经营范围；

（四）有与生产经营和服务规模相适应的资金、设备、从业人员和必要的原材料条件；

（五）有必要的劳动卫生、安全生产条件和环境保护措施；

（六）符合当地乡村建设规划，合理利用土地。

第十四条 设立企业必须依照法律、法规，经乡级人民政府审核后，报请县级人民政府乡镇企业主管部门以及法律、法规规定的有关部门批准，持有关批准文件向企业所在地工商行政管理机关办理登记，经核准领取《企业法人营业执照》或者《营业执照》后始得营业，并向税务机关办理税务登记。

企业应当在核准登记的经营范围内从事生产经营活动。

第十五条 企业分立、合并、迁移、停业、终止以及改变名称、经营范围等，须经原批准企业设立的机关核准，向当地工商行政管理机关和税务机关办理变更或者注销登记，并通知开户银行。

第十六条 企业分立、合并、停业或者终止时，必须保护其财产，依法清理债权、债务。

第十七条 企业破产应当进行破产清算，法人以企业的财产对企业债权人清偿债务。

第三章　企业的所有者和经营者

第十八条 企业财产属于举办该企业的乡或者村范围内的全体农民集体所有，由乡或者村的农民大会（农民代表会议）或者代表全体农民的集体经济组织行使企业财产的所有权。

企业实行承包、租赁制或者与其他所有制企业联营的，企业财产的所有权不变。

第十九条 企业所有者依法决定企业的经营方向、经营形式、厂长(经理)人选或者选聘方式,依法决定企业税后利润在其与企业之间的具体分配比例,有权作出关于企业分立、合并、迁移、停业、终止、申请破产等决议。

企业所有者应当为企业的生产、供应、销售提供服务,并尊重企业的自主权。

第二十条 实行承包或者租赁制的企业,企业所有者应当采取公开招标方式确定经营者,不具备条件的,也可以采取招聘、推荐等方式选用经营者。

招标可以在企业内部或者企业外部进行。投标者可以是经营集团或者个人。经营集团中标后,必须确定企业经营者。

企业所有者应当对投标者全面评审,择优选定。

第二十一条 实行承包或者租赁制的企业,企业经营者应当具备下列条件:

(一)坚持四项基本原则和改革开放,遵纪守法;

(二)必要的文化知识和专业技术知识;

(三)必要的企业经营管理能力;

(四)提供必要的财产担保或者保证人;

(五)企业所有者提供的其他合法条件。

第二十二条 企业经营者是企业的厂长(经理)。企业实行厂长(经理)负责制。厂长(经理)对企业全面负责,代表企业行使职权。

第二十三条 实行承包或者租赁制的企业,订立承包或者租赁合同时,应当坚持平等、自愿、协商的原则,兼顾国家、集体和个人的利益。

第四章 企业的权利和义务

第二十四条 企业在生产经营活动中享有下列权利:

(一)占有和使用企业资产,依照国家规定筹集资金;

（二）在核准登记的范围内自主安排生产经营活动；

（三）确定企业内部机构设置和人员配备；依法招聘、辞退职工，并确定工资形式和奖惩办法；

（四）有权自行销售本企业的产品，但国务院另有规定的除外；

（五）有权自行确定本企业的产品价格、劳务价格，但国务院规定由物价部门和有关主管部门控制价格的除外；

（六）自愿参加行业协会和产品评比；

（七）依照国家规定自愿参加各种招标、投标活动，申请产品定点生产，取得生产许可证；

（八）自主订立经济合同，开展经济技术合作；

（九）依法开发和利用自然资源；

（十）依法利用外资、引进先进技术和设备，开展进出口贸易等涉外经济活动，并依照国家规定提留企业的外汇收入；

（十一）拒绝摊派和非法罚款，但法律、法规规定应当提供财力、物力、人力的除外。

第二十五条 企业在生产经营活动中应当履行下列义务：

（一）依法缴纳税金；

（二）依照国家以及省、自治区、直辖市人民政府的规定，上交支农资金和管理费；

（三）依法建立健全财务会计、审计、统计等制度，按期编报财务、统计报表；

（四）保护自然资源和环境，防止和治理污染；

（五）努力降低原材料和能源消耗，发展符合国家产业政策的产品；

（六）做好劳动保护工作，实行安全生产；

（七）保证产品质量和服务质量；

（八）依法履行合同；

(九)对职工进行政治思想、科学文化、技术业务和职业道德等方面的教育;

(十)遵守法律、法规和政策的其他规定。

第五章 企业的管理

第二十六条 企业职工有参加企业民主管理,对厂长(经理)和其他管理人员提出批评和控告的权利。

企业职工大会或者职工代表大会有权对企业经营管理中的问题提出意见和建议,评议、监督厂长(经理)和其他管理人员,维护职工的合法权益。

第二十七条 企业应当兼顾国家、集体和个人的利益,合理安排积累与消费的比例,对职工实行各尽所能、按劳分配的原则。

男工与女工应当同工同酬。

第二十八条 企业招用职工应当依法签订劳动合同,实行灵活的用工形式和办法。

对技术要求高的企业,应当逐步形成专业化的技术职工队伍。

第二十九条 企业不得招用未满16周岁的童工。

第三十条 企业对从事高度危险作业的职工,必须依照国家规定向保险公司投保。

有条件的企业,应当参照国家有关规定实行职工社会保险。

第三十一条 企业发生劳动争议,可以依照《中华人民共和国劳动争议调解仲裁法》处理。

第三十二条 企业税后利润,留给企业的部分不应低于60%,由企业自主安排,主要用作增加生产发展基金,进行技术改造和扩大再生产,适当增加福利基金和奖励基金。

企业税后利润交给企业所有者的部分,主要用于扶持农业基本建设、农业技术服务、农村公益事业、企业更新改造或者发展新企业。

第三十三条 企业应当根据国家有关规定，加强本企业的各项基础管理和合同管理。

第六章 企业与政府有关部门的关系

第三十四条 各级人民政府乡镇企业行政主管部门根据国家的法律、法规和政策，加强对企业的指导、管理、监督、协调和服务：

（一）监督检查企业执行国家法律、法规和政策；

（二）制订企业发展规划，协同有关部门制定农村剩余劳动力就业规划；

（三）会同有关部门指导企业的计划、统计、财务、审计、价格、物资、质量、设备、技术、劳动、安全生产、环境保护等管理工作；

（四）组织和指导企业的技术进步、职工教育和培训；

（五）向企业提供经济、技术咨询和信息服务；

（六）协调企业与有关方面的关系，帮助企业开展经济技术合作；

（七）总结推广企业发展的经验；

（八）组织和指导企业的思想政治工作，促进企业的社会主义精神文明建设。

第三十五条 各级人民政府有关行业管理部门应当根据国家的产业政策和行业发展规划，对企业的发展方向进行指导和监督；对企业开展技术指导、人才培训和经济、技术信息服务；指导、帮助和监督企业开展劳动保护、环境保护等工作。

第三十六条 政府有关部门应当为符合国家产业政策，经济和社会效益好的企业创造发展条件：

（一）根据国家有关规定，对生产名、优产品和出口创汇产品的企业，应当在信贷、能源、原材料和运输等方面给予扶持；

(二)为企业培训、招用专业技术人才和引进先进技术创造条件。

第七章 奖励与处罚

第三十七条 对在企业经营管理、科技进步、劳动保护、环境保护和思想政治工作等方面作出显著成绩的企业和个人,由人民政府给予奖励。

第三十八条 企业产品质量达不到国家规定标准的,企业所有者和企业主管部门应当责令其限期整顿,经整顿无效者,应当责令其停产或者转产,直至建议有关机关撤销生产许可证,吊销营业执照。

企业因生产、销售前款所指的产品,给用户和消费者造成财产损失、人身损害的,应当承担赔偿责任;构成犯罪的,依法追究刑事责任。

第三十九条 企业厂长(经理)侵犯职工合法权益,情节严重的,由企业所有者给予行政处分;构成犯罪的,依法追究刑事责任。

第四十条 对向企业摊派的单位和个人,企业可以向审计机关或者其他有关部门控告、检举。经审计机关确认是摊派行为的,由审计机关通知摊派单位停止摊派行为,限期退回摊派财物;对摊派单位的负责人和直接责任人员,监察机关或者有关主管部门可以根据情节轻重,给予行政处分。

第四十一条 政府部门的工作人员玩忽职守、滥用职权,使企业合法权益遭受损害的,由其所在单位或者上级主管机关给予行政处分;构成犯罪的,依法追究刑事责任。

第四十二条 企业违反财政、税收、劳动、工商行政、价格、资源、环境保护等法律、法规的,依照有关法律、法规处理。

第八章 附 则

第四十三条 本条例由国务院乡镇企业行政主管部门负责解释,并组织实施。

第四十四条 省、自治区、直辖市人民政府可以根据本条例制定实施办法。

第四十五条 本条例自1990年7月1日起施行。

中华人民共和国市场主体登记管理条例

(2021年4月14日国务院第131次常务会议通过
2021年7月27日国务院令第746号公布
自2022年3月1日起施行)

第一章 总 则

第一条 为了规范市场主体登记管理行为,推进法治化市场建设,维护良好市场秩序和市场主体合法权益,优化营商环境,制定本条例。

第二条 本条例所称市场主体,是指在中华人民共和国境内以营利为目的从事经营活动的下列自然人、法人及非法人组织:

(一)公司、非公司企业法人及其分支机构;

(二)个人独资企业、合伙企业及其分支机构;

(三)农民专业合作社(联合社)及其分支机构;

(四)个体工商户;

(五)外国公司分支机构;

(六)法律、行政法规规定的其他市场主体。

第三条　市场主体应当依照本条例办理登记。未经登记，不得以市场主体名义从事经营活动。法律、行政法规规定无需办理登记的除外。

市场主体登记包括设立登记、变更登记和注销登记。

第四条　市场主体登记管理应当遵循依法合规、规范统一、公开透明、便捷高效的原则。

第五条　国务院市场监督管理部门主管全国市场主体登记管理工作。

县级以上地方人民政府市场监督管理部门主管本辖区市场主体登记管理工作，加强统筹指导和监督管理。

第六条　国务院市场监督管理部门应当加强信息化建设，制定统一的市场主体登记数据和系统建设规范。

县级以上地方人民政府承担市场主体登记工作的部门（以下称登记机关）应当优化市场主体登记办理流程，提高市场主体登记效率，推行当场办结、一次办结、限时办结等制度，实现集中办理、就近办理、网上办理、异地可办，提升市场主体登记便利化程度。

第七条　国务院市场监督管理部门和国务院有关部门应当推动市场主体登记信息与其他政府信息的共享和运用，提升政府服务效能。

第二章　登记事项

第八条　市场主体的一般登记事项包括：

（一）名称；

（二）主体类型；

（三）经营范围；

（四）住所或者主要经营场所；

（五）注册资本或者出资额；

（六）法定代表人、执行事务合伙人或者负责人姓名。

除前款规定外，还应当根据市场主体类型登记下列事项：

（一）有限责任公司股东、股份有限公司发起人、非公司企业法人出资人的姓名或者名称；

（二）个人独资企业的投资人姓名及居所；

（三）合伙企业的合伙人名称或者姓名、住所、承担责任方式；

（四）个体工商户的经营者姓名、住所、经营场所；

（五）法律、行政法规规定的其他事项。

第九条 市场主体的下列事项应当向登记机关办理备案：

（一）章程或者合伙协议；

（二）经营期限或者合伙期限；

（三）有限责任公司股东或者股份有限公司发起人认缴的出资数额，合伙企业合伙人认缴或者实际缴付的出资数额、缴付期限和出资方式；

（四）公司董事、监事、高级管理人员；

（五）农民专业合作社（联合社）成员；

（六）参加经营的个体工商户家庭成员姓名；

（七）市场主体登记联络员、外商投资企业法律文件送达接受人；

（八）公司、合伙企业等市场主体受益所有人相关信息；

（九）法律、行政法规规定的其他事项。

第十条 市场主体只能登记一个名称，经登记的市场主体名称受法律保护。

市场主体名称由申请人依法自主申报。

第十一条 市场主体只能登记一个住所或者主要经营场所。

电子商务平台内的自然人经营者可以根据国家有关规定，将电子商务平台提供的网络经营场所作为经营场所。

省、自治区、直辖市人民政府可以根据有关法律、行政法规的规定和本地区实际情况,自行或者授权下级人民政府对住所或者主要经营场所作出更加便利市场主体从事经营活动的具体规定。

第十二条 有下列情形之一的,不得担任公司、非公司企业法人的法定代表人:

(一)无民事行为能力或者限制民事行为能力;

(二)因贪污、贿赂、侵占财产、挪用财产或者破坏社会主义市场经济秩序被判处刑罚,执行期满未逾5年,或者因犯罪被剥夺政治权利,执行期满未逾5年;

(三)担任破产清算的公司、非公司企业法人的法定代表人、董事或者厂长、经理,对破产负有个人责任的,自破产清算完结之日起未逾3年;

(四)担任因违法被吊销营业执照、责令关闭的公司、非公司企业法人的法定代表人,并负有个人责任的,自被吊销营业执照之日起未逾3年;

(五)个人所负数额较大的债务到期未清偿;

(六)法律、行政法规规定的其他情形。

第十三条 除法律、行政法规或者国务院决定另有规定外,市场主体的注册资本或者出资额实行认缴登记制,以人民币表示。

出资方式应当符合法律、行政法规的规定。公司股东、非公司企业法人出资人、农民专业合作社(联合社)成员不得以劳务、信用、自然人姓名、商誉、特许经营权或者设定担保的财产等作价出资。

第十四条 市场主体的经营范围包括一般经营项目和许可经营项目。经营范围中属于在登记前依法须经批准的许可经营项目,市场主体应当在申请登记时提交有关批准文件。

市场主体应当按照登记机关公布的经营项目分类标准办理经营范围登记。

第三章 登记规范

第十五条 市场主体实行实名登记。申请人应当配合登记机关核验身份信息。

第十六条 申请办理市场主体登记,应当提交下列材料:

(一)申请书;

(二)申请人资格文件、自然人身份证明;

(三)住所或者主要经营场所相关文件;

(四)公司、非公司企业法人、农民专业合作社(联合社)章程或者合伙企业合伙协议;

(五)法律、行政法规和国务院市场监督管理部门规定提交的其他材料。

国务院市场监督管理部门应当根据市场主体类型分别制定登记材料清单和文书格式样本,通过政府网站、登记机关服务窗口等向社会公开。

登记机关能够通过政务信息共享平台获取的市场主体登记相关信息,不得要求申请人重复提供。

第十七条 申请人应当对提交材料的真实性、合法性和有效性负责。

第十八条 申请人可以委托其他自然人或者中介机构代其办理市场主体登记。受委托的自然人或者中介机构代为办理登记事宜应当遵守有关规定,不得提供虚假信息和材料。

第十九条 登记机关应当对申请材料进行形式审查。对申请材料齐全、符合法定形式的予以确认并当场登记。不能当场登记的,应当在3个工作日内予以登记;情形复杂的,经登记机关负责人批准,可以再延长3个工作日。

申请材料不齐全或者不符合法定形式的,登记机关应当一次性告知申请人需要补正的材料。

第二十条 登记申请不符合法律、行政法规规定,或者可能危害国家安全、社会公共利益的,登记机关不予登记并说明理由。

第二十一条 申请人申请市场主体设立登记,登记机关依法予以登记的,签发营业执照。营业执照签发日期为市场主体的成立日期。

法律、行政法规或者国务院决定规定设立市场主体须经批准的,应当在批准文件有效期内向登记机关申请登记。

第二十二条　营业执照分为正本和副本,具有同等法律效力。

电子营业执照与纸质营业执照具有同等法律效力。

营业执照样式、电子营业执照标准由国务院市场监督管理部门统一制定。

第二十三条　市场主体设立分支机构,应当向分支机构所在地的登记机关申请登记。

第二十四条　市场主体变更登记事项,应当自作出变更决议、决定或者法定变更事项发生之日起30日内向登记机关申请变更登记。

市场主体变更登记事项属于依法须经批准的,申请人应当在批准文件有效期内向登记机关申请变更登记。

第二十五条　公司、非公司企业法人的法定代表人在任职期间发生本条例第十二条所列情形之一的,应当向登记机关申请变更登记。

第二十六条　市场主体变更经营范围,属于依法须经批准的项目的,应当自批准之日起30日内申请变更登记。许可证或者批准文件被吊销、撤销或者有效期届满的,应当自许可证或者批准文件被吊销、撤销或者有效期届满之日起30日内向登记机关申请变更登记或者办理注销登记。

第二十七条　市场主体变更住所或者主要经营场所跨登记机关辖区的,应当在迁入新的住所或者主要经营场所前,向迁入地登记机关申请变更登记。迁出地登记机关无正当理由不得拒绝移交市场主体档案等相关材料。

第二十八条　市场主体变更登记涉及营业执照记载事项的,登记机关应当及时为市场主体换发营业执照。

第二十九条　市场主体变更本条例第九条规定的备案事项的,应当自作出变更决议、决定或者法定变更事项发生之日起30日内向登记机关办理备案。农民专业合作社(联合社)成员发生变更的,应当自本会计年度终了之日起90日内向登记机关办理备案。

第三十条 因自然灾害、事故灾难、公共卫生事件、社会安全事件等原因造成经营困难的，市场主体可以自主决定在一定时期内歇业。法律、行政法规另有规定的除外。

市场主体应当在歇业前与职工依法协商劳动关系处理等有关事项。

市场主体应当在歇业前向登记机关办理备案。登记机关通过国家企业信用信息公示系统向社会公示歇业期限、法律文书送达地址等信息。

市场主体歇业的期限最长不得超过3年。市场主体在歇业期间开展经营活动的，视为恢复营业，市场主体应当通过国家企业信用信息公示系统向社会公示。

市场主体歇业期间，可以以法律文书送达地址代替住所或者主要经营场所。

第三十一条 市场主体因解散、被宣告破产或者其他法定事由需要终止的，应当依法向登记机关申请注销登记。经登记机关注销登记，市场主体终止。

市场主体注销依法须经批准的，应当经批准后向登记机关申请注销登记。

第三十二条 市场主体注销登记前依法应当清算的，清算组应当自成立之日起10日内将清算组成员、清算组负责人名单通过国家企业信用信息公示系统公告。清算组可以通过国家企业信用信息公示系统发布债权人公告。

清算组应当自清算结束之日起30日内向登记机关申请注销登记。市场主体申请注销登记前，应当依法办理分支机构注销登记。

第三十三条 市场主体未发生债权债务或者已将债权债务清偿完结，未发生或者已结清清偿费用、职工工资、社会保险费用、法定补偿金、应缴纳税款(滞纳金、罚款)，并由全体投资人书面承诺对上述情况的真实性承担法律责任的，可以按照简易程序办理注销登记。

市场主体应当将承诺书及注销登记申请通过国家企业信用信息公示系统公示，公示期为20日。在公示期内无相关部门、债权人及其他利害关系人提出异议的,市场主体可以于公示期届满之日起20日内向登记机关申请注销登记。

个体工商户按照简易程序办理注销登记的,无需公示,由登记机关将个体工商户的注销登记申请推送至税务等有关部门,有关部门在10日内没有提出异议的,可以直接办理注销登记。

市场主体注销依法须经批准的,或者市场主体被吊销营业执照、责令关闭、撤销,或者被列入经营异常名录的,不适用简易注销程序。

第三十四条 人民法院裁定强制清算或者裁定宣告破产的,有关清算组、破产管理人可以持人民法院终结强制清算程序的裁定或者终结破产程序的裁定,直接向登记机关申请办理注销登记。

第四章 监督管理

第三十五条 市场主体应当按照国家有关规定公示年度报告和登记相关信息。

第三十六条 市场主体应当将营业执照置于住所或者主要经营场所的醒目位置。从事电子商务经营的市场主体应当在其首页显著位置持续公示营业执照信息或者相关链接标识。

第三十七条 任何单位和个人不得伪造、涂改、出租、出借、转让营业执照。

营业执照遗失或者毁坏的,市场主体应当通过国家企业信用信息公示系统声明作废,申请补领。

登记机关依法作出变更登记、注销登记和撤销登记决定的,市场主体应当缴回营业执照。拒不缴回或者无法缴回营业执照的,由登记机关通过国家企业信用信息公示系统公告营业执照作废。

第三十八条 登记机关应当根据市场主体的信用风险状况实施分级分类监管。

登记机关应当采取随机抽取检查对象、随机选派执法检查人员的方式,对市场主体登记事项进行监督检查,并及时向社会公开监督检查结果。

第三十九条 登记机关对市场主体涉嫌违反本条例规定的行为进行查处,可以行使下列职权:

(一)进入市场主体的经营场所实施现场检查;

(二)查阅、复制、收集与市场主体经营活动有关的合同、票据、账簿以及其他资料;

(三)向与市场主体经营活动有关的单位和个人调查了解情况;

(四)依法责令市场主体停止相关经营活动;

(五)依法查询涉嫌违法的市场主体的银行账户;

(六)法律、行政法规规定的其他职权。

登记机关行使前款第四项、第五项规定的职权的,应当经登记机关主要负责人批准。

第四十条 提交虚假材料或者采取其他欺诈手段隐瞒重要事实取得市场主体登记的,受虚假市场主体登记影响的自然人、法人和其他组织可以向登记机关提出撤销市场主体登记的申请。

登记机关受理申请后,应当及时开展调查。经调查认定存在虚假市场主体登记情形的,登记机关应当撤销市场主体登记。相关市场主体和人员无法联系或者拒不配合的,登记机关可以将相关市场主体的登记时间、登记事项等通过国家企业信用信息公示系统向社会公示,公示期为45日。相关市场主体及其利害关系人在公示期内没有提出异议的,登记机关可以撤销市场主体登记。

因虚假市场主体登记被撤销的市场主体,其直接责任人自市场主体登记被撤销之日起3年内不得再次申请市场主体登记。登记机关应当通过国家企业信用信息公示系统予以公示。

第四十一条 有下列情形之一的,登记机关可以不予撤销市场主体登记:

（一）撤销市场主体登记可能对社会公共利益造成重大损害；

（二）撤销市场主体登记后无法恢复到登记前的状态；

（三）法律、行政法规规定的其他情形。

第四十二条 登记机关或者其上级机关认定撤销市场主体登记决定错误的，可以撤销该决定，恢复原登记状态，并通过国家企业信用信息公示系统公示。

第五章 法律责任

第四十三条 未经设立登记从事经营活动的，由登记机关责令改正，没收违法所得；拒不改正的，处1万元以上10万元以下的罚款；情节严重的，依法责令关闭停业，并处10万元以上50万元以下的罚款。

第四十四条 提交虚假材料或者采取其他欺诈手段隐瞒重要事实取得市场主体登记的，由登记机关责令改正，没收违法所得，并处5万元以上20万元以下的罚款；情节严重的，处20万元以上100万元以下的罚款，吊销营业执照。

第四十五条 实行注册资本实缴登记制的市场主体虚报注册资本取得市场主体登记的，由登记机关责令改正，处虚报注册资本金额5%以上15%以下的罚款；情节严重的，吊销营业执照。

实行注册资本实缴登记制的市场主体的发起人、股东虚假出资，未交付或者未按期交付作为出资的货币或者非货币财产的，或者在市场主体成立后抽逃出资的，由登记机关责令改正，处虚假出资金额5%以上15%以下的罚款。

第四十六条 市场主体未依照本条例办理变更登记的，由登记机关责令改正；拒不改正的，处1万元以上10万元以下的罚款；情节严重的，吊销营业执照。

第四十七条 市场主体未依照本条例办理备案的，由登记机关责令改正；拒不改正的，处5万元以下的罚款。

第四十八条 市场主体未依照本条例将营业执照置于住所或者主要经营场

所醒目位置的,由登记机关责令改正;拒不改正的,处3万元以下的罚款。

从事电子商务经营的市场主体未在其首页显著位置持续公示营业执照信息或者相关链接标识的,由登记机关依照《中华人民共和国电子商务法》处罚。

市场主体伪造、涂改、出租、出借、转让营业执照的,由登记机关没收违法所得,处10万元以下的罚款;情节严重的,处10万元以上50万元以下的罚款,吊销营业执照。

第四十九条 违反本条例规定的,登记机关确定罚款金额时,应当综合考虑市场主体的类型、规模、违法情节等因素。

第五十条 登记机关及其工作人员违反本条例规定未履行职责或者履行职责不当的,对直接负责的主管人员和其他直接责任人员依法给予处分。

第五十一条 违反本条例规定,构成犯罪的,依法追究刑事责任。

第五十二条 法律、行政法规对市场主体登记管理违法行为处罚另有规定的,从其规定。

第六章 附 则

第五十三条 国务院市场监督管理部门可以依照本条例制定市场主体登记和监督管理的具体办法。

第五十四条 无固定经营场所摊贩的管理办法,由省、自治区、直辖市人民政府根据当地实际情况另行规定。

第五十五条 本条例自2022年3月1日起施行。《中华人民共和国公司登记管理条例》、《中华人民共和国企业法人登记管理条例》、《中华人民共和国合伙企业登记管理办法》、《农民专业合作社登记管理条例》、《企业法人法定代表人登记管理规定》同时废止。

农民专业合作社解散、破产清算时接受国家财政直接补助形成的财产处置暂行办法

(财资〔2019〕25号)

第一条 为支持引导农民专业合作社健康发展,规范农民专业合作社解散、破产清算时接受国家财政直接补助形成的财产处置行为,根据《中华人民共和国农民专业合作社法》等法律规章制度,制定本办法。

第二条 本办法适用于农民专业合作社在解散、破产清算时,接受国家财政直接补助形成的财产处置行为。因合并或者分立需要解散的,不适用本办法。

第三条 负责组织实施农民专业合作社财政补助项目及资金拨付的县级以上人民政府有关部门,应当依据各自职责,加强对农民专业合作社接受国家财政直接补助形成的财产处置的指导和监管。

第四条 农民专业合作社解散、破产清算时,在清偿债务后如有剩余财产,清算组应当计算其中国家财政直接补助形成的财产总额。计算公式为:

剩余财产中国家财政直接补助形成的财产总额=

剩余财产金额×专项基金中国家财政直接补助金额/(股金金额+专项基金金额)

第五条 剩余财产中国家财政直接补助形成的财产,应当优先划转至原农民专业合作社所在地的其他农民专业合作社,也可划转至原农民专业合作社所

在地的村集体经济组织或者代行村集体经济组织职能的村民委员会。

因农业结构调整、生态环境保护等原因导致农民专业合作社解散、破产清算的，剩余财产中国家财政直接补助形成的财产，应当优先划转至原农民专业合作社成员新建农民专业合作社，促进转产转业。

涉及剩余财产中国家财政直接补助形成的财产划转的，清算组应当将划转情况反映在清算方案中，并将清算方案报县级农业农村部门、财政部门备案，同时做好相关财务账目、原始凭证等资料移交工作。

第六条 负责组织实施农民专业合作社财政补助项目及资金拨付的县级以上人民政府有关部门及其工作人员，违反本办法规定及存在其他滥用职权、玩忽职守、徇私舞弊等违法违纪行为的，依照《中华人民共和国农民专业合作社法》《中华人民共和国公务员法》《中华人民共和国监察法》《财政违法行为处罚处分条例》等国家有关规定追究相应责任；涉嫌犯罪的，依法移送有关机关处理。

清算组成员因故意或者重大过失造成国家直接补助形成的财产流失的，依法追究法律责任。

第七条 各省、自治区、直辖市和计划单列市财政部门，新疆生产建设兵团财政局可结合本地区实际，根据本办法，会同有关农业农村部门制定具体实施办法。

第八条 本办法由财政部会同农业农村部负责解释。

第九条 本办法自2019年7月1日起施行。

农村集体经济组织财务制度

(财农〔2021〕121 号)

第一章 总 则

第一条 为加强农村集体经济组织财务管理,规范农村集体经济组织财务行为,巩固农村集体产权制度改革成果,保障农村集体经济组织及其成员的合法权益,促进农村集体经济发展,根据有关法律、行政法规,结合农村集体经济组织实际情况,制定本制度。

第二条 中华人民共和国境内依法设立的农村集体经济组织适用本制度。

第三条 农村集体经济组织应当建立健全财务管理制度,如实反映农村集体经济组织的财务状况。合理筹集资金,管好用好集体资产,建立健全收益分配制度和激励约束机制,加强财务信息管理,完善财务监督,控制财务风险,实现集体资产保值增值,推动集体经济发展。

第四条 农村集体经济组织财务活动应当遵循以下原则:

(一)民主管理。保障农村集体经济组织成员对财务活动和财务成果的知情权、参与权、表达权、监督权,实行民主管理和民主监督。

(二)公开透明。财务活动情况及其有关账目,重大经济事项等应当向全体成员公开。

(三)成员受益。保障全体成员享受农村集体经济发展成果。

（四）支持公益。农村集体经济发展成果应当用于村级组织运转保障、农村公益事业。

第五条 农村集体经济组织的财务活动应当依法依规接受乡镇人民政府（包括街道办事处，下同）和农业农村部门、财政部门的监督指导，接受审计等相关部门的监督。

第六条 建立健全农村集体经济组织负责人任期和离任审计制度，将新增债务作为重点审计内容。

第二章 财务管理主体及职责

第七条 农村集体经济组织财务管理工作应当在农村基层党组织领导下，由成员（代表）大会、理事会、监事会和会计人员等按规定履行职责。农村集体经济组织应当依法依规配备专（兼）职会计人员，也可以根据实际需要实行委托代理记账。

重大财务事项决策参照执行“四议两公开”机制，并报乡镇党委、政府或农业农村部门审核或备案。

第八条 成员（代表）大会的财务管理职责主要包括：

（一）审议、决定本集体经济组织内部财务管理制度、年度财务计划、重大财务收支事项、年度收益分配方案等；

（二）审议、决定本集体经济组织资金筹集、资产资源发包租赁、对外投资、资产处置等事项；

（三）审议、决定本集体经济组织主要经营管理人员薪酬，并对其实施监督和考核；

（四）对理事会和监事会年度财务管理、监督工作提出质询和改进意见；

（五）其他需要成员（代表）大会决定的重大财务事项。

第九条　理事会的财务管理职责主要包括：

（一）起草、执行本集体经济组织内部财务管理制度、年度财务计划、年度收益分配方案等；

（二）实施本集体经济组织资金筹集、资产资源发包租赁、对外投资、资产处置等经营活动，签订经济合同并督促合同履行；

（三）提出本集体经济组织主要经营管理人员薪酬的建议，决定其他工作人员薪酬；

（四）向成员（代表）大会报告年度财务执行情况；

（五）执行本集体经济组织章程规定及成员（代表）大会决定的其他财务事项。

第十条　监事会的财务管理职责主要包括：

（一）监督农村集体经济组织财务活动，组织开展民主理财；

（二）监督理事会、主要经营管理人员和会计人员履职行为，对损害本集体经济组织利益，违反法律、法规、行政规章、组织章程或者成员（代表）大会决议的财务行为提出质询和改进建议，对理事、主要经营管理人员和会计人员提出罢免或解聘建议；

（三）协助地方政府及有关部门做好对农村集体经济组织的审计监督工作；

（四）向成员（代表）大会报告年度财务监督情况；

（五）执行本集体经济组织章程规定及成员（代表）大会决定的其他财务监督事项。

第十一条　会计人员的财务管理职责主要包括：

（一）会计主管人员负责组织本集体经济组织的会计工作，审核本集体经济组织的财务会计报告，在财务会计报告上签名并盖章；

（二）会计人员负责本集体经济组织会计凭证审核及填制、会计账簿登记及核算、财务会计报告编制及报送、稽核、会计档案保管、财务公开等日常工作。配合开展集体资产年度清查、审计和调查工作。

第三章　资金筹集

第十二条　农村集体经济组织可依法依规采取多种形式筹集资金。筹集资金应当履行本集体经济组织决策程序,确定筹资方式、规模和用途,控制筹资成本和风险。

第十三条　农村集体经济组织从各级政府获得资金或其他资产的,按照有关规定执行并接受监管。通过接受捐赠获得资金或其他资产的,应当及时入账,加强管理。

第十四条　农村集体经济组织采用"一事一议"方式筹资的,应当符合有关法律法规和政策要求,遵循量力而行、成员受益、民主决策、上限控制等原则,做到专款专用,确保资金用途的合法性、合理性和有效性。

第十五条　农村集体经济组织不得举债兴办公益事业;举债从事经营性活动应当纳入村级重大事项决策范围,参照执行"四议两公开"机制,并报乡镇党委、政府或农业农村部门审核或备案。

农村集体经济组织直接与社会资本合作从事经营活动的,应当在合同中明确权责边界及收益分配。

严禁将农村集体经济组织债务转嫁给地方政府。

第四章　资产运营

第十六条　农村集体经济组织应当按照有关法律、法规、政策以及组织章程加强现金、银行存款、应收款项、存货等流动资产管理,落实经营管理责任。严禁公款私存和私设小金库,加强票据管理,杜绝"白条"抵库。

第十七条　农村集体经济组织应当按照有关法律、法规、政策以及组织章程加强固定资产购建、使用、处置管理，落实经营管理责任，依法合规计提折旧。在建工程项目验收合格、交付使用后，应当及时办理竣工决算手续。

第十八条　农村集体经济组织应当按照有关法律、法规、政策以及组织章程加强集体的牲畜、林木等生物资产管理，做好增减、摊销、死亡毁损等核算工作，落实经营管理责任。

第十九条　农村集体经济组织应当按照有关法律、法规、政策明确无形资产权属及价值，纳入账内核算，落实经营管理责任，依法合规进行摊销。

第二十条　农村集体经济组织对外投资应当遵守有关法律、法规和政策规定，符合农村集体经济组织发展规划，履行民主程序，做好风险评估和控制，进行严格管理。

第二十一条　农村集体经济组织应当对发生产权转移的厂房、设施、设备等大宗资产及集体土地使用权，未纳入账内核算的、非货币资产对外投资的或其他特定目的的资产进行价值评估。

第二十二条　农村集体经济组织以出售、置换、报废等方式处置资产时，应当按照有关法律、法规和政策规定的权限与程序进行。发生的资产损失，应当及时核实，查清责任，追偿损失，并进行账务处理。

第二十三条　农村集体经济组织依法依规对外投资或进行集体资产转让、发包、租赁等情形时，应当签订书面合同，明确双方的权利义务，合理确定价格。

农村集体经济组织以及农村集体经济组织经营管理人员，不得以本集体资产为其他单位和个人提供担保。

第五章　收支管理及收益分配

第二十四条　农村集体经济组织生产销售、提供服务、投资收益、让渡集体资产资源使用权和政府给予的经营性补贴等形成的经济利益总流入,应当依法依规加强管理,做好账务处理。

第二十五条 农村集体经济组织用于经营活动、日常管理、村内公益和综合服务、保障村级组织和村务运转等各种支出,应当计入相应的成本费用,加强管理,严格执行审批程序。

第二十六条 农村集体经济组织收益分配以效益为基础,民主决策、科学分配,保障成员合法权益。

第二十七条 农村集体经济组织应当按照有关法律、法规、政策规定及组织章程约定的分配原则,按程序确定收益分配方案,明确分配范围、分配比例等重点事项,向全体成员公示。

第二十八条 农村集体经济组织可分配收益按以下顺序进行分配:

(一)弥补以前年度亏损;

(二)提取公积公益金;

(三)向成员分配收益;

(四)其他。

公积公益金按组织章程确定计提比例。

第二十九条 年终收益分配前,农村集体经济组织应当清查资产,清理债权、债务,准确核算年度收入、支出、可分配收益。

第六章 产权管理

第三十条 农村集体经济组织应当清查核实集体资产,明确资产权属,登记资产台账,编制资产负债表;建立成员名册和份额(股份)登记簿。

第三十一条 农村集体经济组织变更资产权属的,应当严格按照有关法律、法规和政策规定进行,并及时进行账务处理。

第三十二条 村庄撤并的，不得混淆集体财务会计账目，不得随意合并、平调集体资产。

第七章 财务信息管理

第三十三条 具备条件的农村集体经济组织与村民委员会应当分设会计账套和银行账户。

第三十四条 农村集体经济组织应当使用科学有效的方式采集、存储、管理和运用财务信息，逐步实现信息化管理，确保财务信息的真实性、完整性和可比性。

第三十五条 农村集体经济组织应当按照国家统一的会计制度有关规定编制年度财务会计报告，按要求报送乡镇人民政府和农业农村部门、财政部门。

第三十六条 农村集体经济组织应当建立财务公开制度，以易于理解和接受的形式公开财务信息，接受成员监督。

第三十七条 农村集体经济组织应当按照《会计档案管理办法》等有关规定，加强会计档案建设和管理，做好会计资料的保管工作。

第八章 附 则

第三十八条 依法代行农村集体经济组织职能的村民委员会、村民小组等参照执行本制度。

第三十九条 地方农业农村部门、财政部门可根据本制度，结合实际情况制定具体实施细则。

第四十条 本制度自2022年1月1日起施行。